Arquímedes Román A.

Más Tiempo Bueno, Menos Tiempo Malo

MÁS TIEMPO BUENO,

MENOS TIEMPO MALO

Eficacia para mayor calidad de vida

Arquímedes Román A

Febrero 2015

ANTES DE COMPRAR ESTE LIBRO.

La vida contemporánea es cada vez más exigente, competitiva, agobiante, llena de cambios, con miles opciones atractivas para el uso de nuestro tiempo y por eso resulta muy difícil mantenerse al día en los varios roles que nos toca cumplir y esto produce estrés, inquietud, desasosiego y muchas veces angustia. Vivimos un tiempo en el cual se nos exige ser cada vez más productivos y más eficaces, pero no se nos dan las claves para lograrlo.

Todos tenemos la misma cantidad de tiempo: 1440 minutos al día, 168 horas semanales, 52 semanas al año y así sucesivamente. Pero no todos usamos ese tiempo de la misma manera, ni obtenemos los mismos resultados. Unos obtienen más y mejores resultados y otros logran pocos y pobres resultados. ¿Quien determina la calidad del resultado del uso de nuestro tiempo? ¿Quien decide si de ese tiempo se obtendrá calidad de vida o se ganarán angustias, pobres resultados y frustraciones? La respuesta se conoce, usted la conoce, todos la conocemos. Somos nosotros quienes podemos determinar la calidad del resultado del uso de nuestro tiempo. Somos nosotros quienes decidimos si ese tiempo será bueno o será malo. Somos nosotros quienes tenemos el poder de ser eficaces o ineficaces con nuestro tiempo. Pero esa eficacia la aumentamos en la medida que decidamos tener más control sobre nuestras actividades y las enfoquemos activamente hacia el **"tiempo bueno"**. Es decir, alcanzar metas, objetivos y culminar proyectos, que conduce en forma natural a la conciencia de control sobre la propia vida, a la consiguiente disminución del estrés y al incremento de la satisfacción interior. Esto constituye el beneficio fundamental: lo que cualquier persona aspira; una grata sensación de realización vital y de paz interior. **Una mayor calidad de vida.**

En sus manos tiene un libro que de manera sencilla le ayudará a construir su propio programa de Eficacia Personal para aumentar el control sobre su tiempo... y su vida. Un libro que se preparó para ser útil a cualquier persona con deseos de aumentar el disfrute del tiempo de su vida y obtener **más tiempo bueno y menos tiempo malo.** Este propósito incluye a grandes y pequeños empresarios, gerentes, supervisores, profesionales, y también será sumamente provechoso para vendedores, comerciantes, estudiantes, profesores, técnicos, periodistas e igualmente para los padres y madres.

"Más Tiempo Bueno, Menos Tiempo Malo" consolida muchos años de vivencias, reflexiones y aprendizajes sobre las técnicas y el arte de la Eficacia Personal, y actualiza, amplía y mejora sustancialmente mi anterior libro *"Cómo Ganar Tiempo y Ser Más Eficaz".*

Como Consultor de Empresas me ha correspondido diseñar y dictar numerosos seminarios y talleres de "Administración del Tiempo" a cientos de participantes de grandes y pequeñas organizaciones. En los fructíferos intercambios de experiencias generados en esos talleres he tenido la oportunidad de verificar la validez de los conceptos fundamentales y también de recibir valiosos aportes de profesionales y gerentes motivados por la eficacia personal. Adicionalmente, la propia vivencia de manejar varios negocios y múltiples asuntos me ha dado la oportunidad de reflexionar diariamente sobre la mejor manera de resolver situaciones de "escasez de tiempo".

Para validar el esquema conceptual del libro decidí hacer exploraciones adicionales. Para eso efectué muchas entrevistas con detenimiento a gerentes, constructores, publicistas, ingenieros, consultores, académicos, abogados y en general a personas de una amplia diversidad de actividades. Esto me permitió enriquecer el material con otros valiosos puntos de vista y validar ampliamente la pertinencia de este material.

Estoy seguro que el libro le ayudará mucho a canalizar eficazmente su esfuerzo para obtener **más tiempo bueno** en su vida.

Arquímedes Román A.

aroman365@gmail.com

Arquimedes Román es un experimentado consultor de empresas con importante experiencia gerencial, tanto en el sector privado como en organizaciones públicas, y con sólida formación académica en las Universidades de Carabobo (Venezuela), Texas (EUA) y Wisconsin (EUA). Ha dirigido la Asociación de Ejecutivos más importante de Venezuela y se mantiene activo como conferencista, facilitador en seminarios gerenciales y consultor a través de SAIC, su firma de asesoría. Además ha sido profesor y director del postgrado de gerencia de la Universidad de Carabobo. Ha publicado otros libros, entre ellos: "Como Ganar Tiempo y ser Más Eficaz"; "Piense Primero y Escriba Después" y "Cómo Informar por Escrito".

LISTA DE CONTENIDO

CAPITULO I
¡EL TIEMPO O LA VIDA!

"Nada es tan fácil como estar
ocupado, ni tan difícil como
ser eficaz"

Alec Mackenzie.

1. La Eficacia Personal; Algo Distinto a lo que Piensa.

¿Quiere usted andar todo el día con un cronómetro de segundos y centésimas en una mano y en la otra una libreta con un formato con muchos "cuadritos" y espacios para anotar tiempos, medir cuánto tardan sus conversaciones telefónicas, sus reuniones de trabajo, o el tiempo empleado en tomar café? ¿Qué le parecería que al final del día laboral tuviera que dedicarse a sumar y agrupar esos tiempos para determinar con precisión de segundos cuánto le dedicó a cada una de las actividades en ese día? ¿Se sentiría bien si cuando un empleado o compañero de trabajo acuda a usted en busca de ayuda, usted le dice que lo atenderá el martes próximo a las 9:15 a.m., pero que sólo dispondrá de 3 minutos y 15 segundos? ¿Cómo se sentiría su empleado o compañero de trabajo? ¿Qué pasaría, si usted, consciente o inconscientemente, traslada este tipo de conductas y prácticas al ambiente familiar? Una pregunta más: ¿Qué habría logrado al final de un año procediendo de esta manera?

Existen enfoques de administración del tiempo que conducen a prácticas y conductas como las anteriores, pero eso no significa que nuestro esfuerzo por sacarle el mejor provecho al tiempo tiene que ser necesariamente tan **"eficientista"** que pierda la esencia misma del significado de la administración del tiempo. Buscar el buen uso del tiempo no debe convertirnos en fanáticos de los minutos y segundos o en maniáticos irracionales tratando de establecer marcas mundiales de cosas o asuntos atendidos en el día.

El gran paso a dar es movernos desde la Administración del Tiempo centrada en la **Eficiencia**, hacia la Administración del Tiempo centrada en la **Eficacia Personal**. ¡De eso se trata el libro que tiene en sus manos!

---

2. ¿Cómo Son los Elefantes?

Cierta vez se encontraban cuatro invidentes de nacimiento discutiendo intensamente sobre la forma de un elefante, animal sobre el cual ninguno de ellos tenía una experiencia propia para sustentar sus opiniones. Una persona vidente que presenciaba tan insólito y surrealista evento quiso contribuir a despejarles el motivo de sus diferencias y se ofreció a llevarlos a palpar un elefante

13

verdadero, aprovechando la presencia en la ciudad de un afamado circo.

El buen vidente hizo los arreglos con el circo para permitir el acceso de los invidentes a la carpa donde reposaba un manso elefante. Al llegar a la carpa, cada uno de los invidentes fue sucesivamente acercándose al paquidermo para tocarlo y así, táctilmente, construir en su mente una imagen del gran animal. Terminada la ronda exploratoria, el buen vidente, le pidió al grupo que describiera el elefante. El primero en hablar dijo: "el elefante tiene forma cilíndrica y vertical, creo que debe ser como dicen son las palmeras". Inmediatamente intervino otro invidente quien sorprendido dijo: "no sé por qué describes así al elefante, yo lo toqué y me doy cuenta de que es alargado y flexible, como dicen que son las grandes serpientes". El tercero en la discusión no pudo contenerse y increpando a los anteriores les arrojó esta frase: "ya sabía que eran tontos, pero no creía llegaran a tanto; el elefante es un cuerpo rígido, liso, cilíndrico y frío". El último de los invidentes opinó sentencioso "no hay duda que además de invidentes ustedes tres son despistados, porque es imposible no darse cuenta de que nuestro animal es como una pared recubierta de una superficie rugosa". De allí en adelante la discusión sobre la forma del elefante continuó con más

14

fuerza que antes del esfuerzo del buen vidente para darles en ocasión de encontrar una verdad. Esta vieja metáfora pone de relieve el hecho de que las apreciaciones parciales no permiten captar la esencia de las verdades más evidentes. Cada uno de los invidentes había palpado sólo una parte de la anatomía del paquidermo. El primero se había encontrado con una de las robustas patas, la tocó y exploró limitadamente, sin percibir que eso era sólo una parte de la totalidad. Igualmente ocurrió con los otros quienes sucesivamente tocaron la trompa, uno de los colmillos y el último se topó con el lateral del animal.

Cuando queremos definir el tiempo y ante tan difícil asunto acudimos a especialistas, pudiéramos tener una experiencia similar. Si le hiciéramos la pregunta a un físico, probablemente nos diría que es uno de los dos bloques fundamentales con los cuales está hecho el Universo, siendo el espacio el otro bloque. Si buscáramos a un científico de la biología, a lo mejor nos explicaría que es el reloj interno que poseen los seres vivos para mantenerse en sincronía con la naturaleza. Si en nuestra exploración consultamos a un budista escucharíamos una explicación de los ciclos de eventos que se repiten eternamente. Finalmente, si deseamos concluir el asunto preguntándole a una persona pragmática y relacionada con las actividades de los negocios, como por ejemplo un banquero, nos diría sin titubear que el tiempo es dinero. Al igual que el caso de los invidentes, estas respuestas profesionales son todas correctas, pero igualmente se les escapa la esencia misma de lo que se quiere definir.

Es tan evidente que pasamos frente a ello sin percibir: que el tiempo es la vida. Así de dramáticamente simple. Para cualquiera de nosotros la primera, la más importante definición del tiempo es esa. Si malgastamos el tiempo, malgastamos la vida.   Si aprovechamos el tiempo, aprovechamos la vida. Sobre este concepto fundamental se desarrolla el libro.

De manera que el verdadero sentido de utilidad de nuestro tiempo está indisolublemente asociado a lo que queremos lograr en la vida. En la medida que el empleo del tiempo se alinee con los proyectos vitales, en esa misma medida será la calidad de su utilización. Pero esto a su vez descansa sobre una premisa esencial; hay que tener claro un proyecto de vida, es decir, haber encontrado nuestros valores y creencias, haber definido nuestra "misión" y fijado nuestros objetivos. Son ellos los que suministran el Norte, el faro, la guía, el rumbo, para emplear el tiempo en una u otra cosa.

Estando en los toques finales a este capítulo del libro y todavía con alguna pequeña duda sobre haber comunicado claramente el sentido del tiempo, recibí un "e – mail" de un amigo. Contenía una metáfora que años atrás yo había usado en conferencias y talleres de administración del tiempo, pero que no había recordado al momento de hacer el libro. Estoy seguro de que será un buen remate para responder la pregunta que encabeza esta sección: ¿Qué es el tiempo?

Imagina que existe un banco que cada mañana acredita en tu cuenta la suma de $86.400. Imagina también que este banco no pasa de un día al otro el saldo que tú dejas. Cada noche borra cualquier cantidad que no usaste durante el día. ¿Qué harías?

Seguramente, retirarías cada día hasta el último centavo, para no perderlo.

¿Sabes?, todos tenemos ese banco, aunque no lo sepamos usar. Su nombre es "vida". Cada día ese banco te acredita 86.400 segundos. Cada noche, este banco borra y da como pérdida, cualquier cantidad de ese crédito que tú no hayas invertido en vivir. Este banco, no acumula saldos y no permite sobregiros. Cada día comienza con una misma cantidad. Cada noche elimina los saldos del día no usados. La pérdida es únicamente tuya.

No te deja dar marcha atrás, tampoco existe el guardar para mañana. Debes usar el depósito de cada día. Eso sí, puedes invertir, pero de una manera diferente. Usa todo lo que puedas del tiempo, y puedes invertir en vivencias, experiencias y felicidad. Puede que algunas cantidades de tiempo te parezcan que son insignificantes.

Para entender el valor de un año, pregúntale a un estudiante que lo perdió.

Para entender el valor de un mes, pregúntale a quién no tuvo vacaciones.

Para entender el valor de una semana, pregúntale a un obrero por el domingo.

Para entender el valor de un día, pregúntale a quién no vio hoy a la persona que ama.

Para entender el valor de una hora, pregúntale al que tiene que presentar un examen.

Para entender el valor de un minuto, pregúntale a quién perdió el avión.

Para entender el valor de un segundo, pregúntale al que murió por qué no evitó la bala mortal.

Para entender el valor de una milésima de segundo, pregúntale al que sacó la medalla de plata en una olimpíada.

Usa para vivir cada momento, no dudes, simplemente tómalo, atesóralo, gástalo, pero vive. Como inexorablemente lo gastarás, mira bien con quién usas tu tiempo, a quién se lo estás regalando y descubre si es tan especial como para merecerlo.

Recuerda, el banco de "vida" no espera a nadie, no hace favores.

3. Entonces: ¿Eficiencia o Eficacia?

Las ideas anteriores conducen a la revisión de los conceptos de eficiencia y eficacia, los cuales muchas veces son confundidos y manejados equivocadamente.

Alec Mackenzie, uno de los autores pioneros del concepto de administración del tiempo, expresa contundentemente la diferencia entre ambos conceptos cuando dice "nada es tan fácil como estar ocupado, ni tan difícil como ser eficaz".

a. Eficiencia: ¿Hacer mucho? ¿Estar ocupado?

Técnicamente se podría definir la eficiencia como la relación producto / insumo; la cantidad de cosas obtenidas, logradas o producidas con el uso de una determinada cantidad de un recurso. Cuando el recurso es el tiempo, la eficiencia de una máquina se mide en piezas / minuto, toneladas / hora y así sucesivamente. Al hablar de las actividades de una persona su eficiencia también puede medirse en forma similar si su trabajo es esencialmente manual.

20

El concepto de eficiencia es difícil de utilizar para nuestro uso del tiempo, a menos que nuestro trabajo sea esencialmente manual, como colocar ladrillos, lavar automóviles, llenar cajas. En este caso si se puede medir apropiadamente la eficiencia de la actividad manual. Sin embargo la eficiencia global de todo el uso del tiempo de la vida de esa persona no es posible de establecer por esa vía.

Ahora bien, ¿Cómo medir la eficiencia del conjunto de actividades diversas que realizamos en los varios roles (profesional, familiar, personal) que desempeñamos en la vida, muchas de las cuales son cualitativas? Alguien puede estar siempre muy atareado, haciendo "muchas cosas", quejarse de la falta de tiempo y a la vez estar haciendo *un pobrísimo uso de ese recurso, por cuanto a pesar de producir* muchas "cosas", asistir a numerosas reuniones, atender decenas de personas, realizar docenas de llamadas, pasar gran cantidad de horas sin despegarse del computador, hacer variadas "diligencias" diarias, por encima de toda esa montaña de actividades, es muy probable que esté desperdiciando su tiempo.

b. Eficacia: Hacer lo importante

La significación del concepto de eficacia radica en relacionar el esfuerzo con el logro de los objetivos. Sólo se es más eficaz cuando se obtienen más o mejores resultados, o cuando se avanza considerablemente en procura de un objetivo mayor. No se trata de hacer mucho, sino de hacer lo verdaderamente importante.

La búsqueda de la Eficacia Personal siempre ha estado justificada por los grandes beneficios que aporta. Pero es solamente a mediados del siglo XX cuando se hace más evidente la necesidad de encontrar formas de superar las complejidades crecientes de la vida urbana e industrial y aumentar los logros de quienes crecientemente se sentían atrapados en una maraña de compromisos, reuniones, esperas y trabajo rutinario. En el siglo XXI estas necesidades siguen vigentes. Cada vez se siente más el acoso de las múltiples ocupaciones, la presión de muchas cosas por hacer y también la insatisfacción personal por no haber alcanzado todas las aspiraciones y la incómoda sensación interior de no estar controlando la propia vida.

La eficacia se relaciona con el resultado, con el éxito, con el logro de objetivos, más que con la cantidad de actividades realizadas. Por tanto, se asocia al conocimiento íntimo del NORTE y de las actividades que conducen a nuestros objetivos y de aquellas que nos alejan de ellos.

> La orientación del libro es la búsqueda de la **eficacia**, más que la eficiencia.

4. Tiempo Bueno o Tiempo Malo: Usted Decide

El concepto de eficacia está estrechamente amarrado a la calidad del uso del tiempo y a lo que vamos a llamar "**tiempo bueno**" y "**tiempo malo**".

Todos tenemos la misma cantidad de tiempo: 1440 minutos al día, 168 horas semanales, 52 semanas al año y así sucesivamente. Pero no todos usamos ese tiempo de la misma manera, ni obtenemos los mismos resultados de su uso. Unos obtienen más y mejores resultados y otros obtienen pocos y pobres resultados. ¿Quién determina la calidad del resultado del uso de nuestro tiempo? ¿Quién decide si de ese tiempo se obtendrá calidad de vida o se ganarán angustias, pobres resultados y frustraciones? La respuesta se conoce, usted la conoce, todos la conocemos. Somos nosotros quienes podemos determinar la calidad del resultado del uso de nuestro tiempo. Somos nosotros quienes decidimos si ese tiempo será bueno o será malo. Somos nosotros quienes tenemos el poder de ser eficaces o ineficaces con nuestro tiempo .Pero esa eficacia la aumentamos en la medida que decidamos tener más control sobre nuestras actividades y las enfoquemos activamente hacia el **"tiempo bueno"**.

a. Tiempo Bueno.

Tiempo bueno es el empleado en descubrir cual es nuestro papel en el mundo, en revelar la única y singular "misión personal" que llevada al nivel consciente se convierta en el Norte de todos nuestras luchas y afanes. Por eso, **bueno** es el tiempo destinado a reflexionar, a meditar y a definir los objetivos derivados de esa "misión personal", armonizados con los roles que asumimos en la vida.

Bueno es aquel tiempo en el cual desarrollamos actividades iniciadas o aceptadas por nuestra voluntad y que nos resultan agradables; por ejemplo cuando trabajamos en proyectos que hemos planeado, con los cuales estamos comprometidos y que son beneficiosos para nuestra actividad profesional, laboral, personal o familiar. Es un tiempo en el cual avanzamos, en el cual sentimos que nos acercamos a objetivos o metas importantes.

Durante el **tiempo bueno** generalmente nos sentimos motivados, entusiasmados por lo que estamos haciendo, a pesar de que ello sea exigente, difícil o laborioso. Casi siempre el **tiempo bueno** se hace corto, pasa rápido, no percibimos los minutos o las horas por cuanto experimentamos una sensación de logro, de realización y de felicidad que hace irrelevante la medida del tiempo transcurrido.

Tiempo bueno es el que dedicamos a reflexionar sobre lo que hacemos, cómo lo hacemos y por qué lo hacemos. Es el tiempo usado para pensar sobre nuestros objetivos vitales; también es el tiempo dedicado una vez a la semana para evaluar cómo la utilizaremos para avanzar hacia nuestros objetivos significativos. Son también los minutos que cada mañana dedicamos a organizar la parte de ese día que queremos controlar.

Tiempo bueno es el dedicado a las actividades de prevención, tanto en nuestra profesión, trabajo o negocio, como al cuidado de la salud física, intelectual y espiritual.

Tiempo bueno es el que se destina a los clientes (internos o externos), o a la planificación y promoción del negocio; el dedicado a nuevas ideas y proyectos. Es el empleado en reuniones donde se analizan problemas y se toman decisiones claras; es el usado para instruir a un empleado sobre la mejor manera de hacer algo.

Tiempo bueno es el invertido en nosotros mismos, en mejoramiento intelectual, en prevención y conservación de la salud, en recreación y crecimiento espiritual. Es el tiempo disfrutado escuchando la música preferida, asistiendo al espectáculo deseado, haciendo el viaje soñado, apreciando una obra de arte, practicando el deporte favorito.

Tiempo bueno es el tiempo dedicado a desarrollar cualitativa y afectivamente las importantes relaciones en la familia, y superlativamente el tiempo de compartir con los seres queridos y con los amigos.

Tiempo bueno es el tiempo para crecer hacia adentro; el tiempo destinado en aprender sobre las cuestiones trascendentales de la vida, sobre la gente, la profesión, o sobre las ciencias, las artes, la filosofía y la espiritualidad.

b. **Tiempo Malo.**

Es el tiempo consumido en actividades o situaciones en las cuales tenemos la sensación, y a veces certeza, de que no contribuyen al avance en proyectos, objetivos o metas de nuestros roles en la empresa, en lo personal o en lo familiar.

Tiempo malo es el tiempo gastado mientras rehacemos, rescribimos o reformulamos algún informe, documento, propuesta o cálculos realizados defectuosamente por nosotros u otra persona.

Tiempo malo es el empleado en atender visitantes perturbadores, o decenas de llamadas telefónicas que no agregan ningún valor a nuestra actividad y ni siquiera son gratas.

Tiempo malo es gastar horas en el tránsito urbano mientras internamente nos carcome una sensación de impotencia por no poder avanzar en asuntos importantes que requerirían de ese tiempo.

Tiempo malo es el de permanencia en clínicas u hospitales por enfermedades causadas por el estrés o por el descuido de nuestra salud.

Tiempo malo es también el tiempo consumido "apagando fuegos", manejando crisis y emergencias **que se pudieron evitar.**

Tiempo malo es el gastado en lamentarnos y quejarnos de la falta de tiempo, de lo ocupado que estamos, del estrés que experimentamos y en culpar a otros por nuestra "falta de tiempo".

Tiempo malo es el desperdiciado fabricando excusas e inventando mentiras para justificarnos ante nosotros mismos, o ante la familia, o frente a los jefes, socios o empleados por no haber cumplido con lo que se esperaba de nosotros.

5. El Resultado: Mayor Calidad de Vida.

Tómese unos minutos y lea las siguientes preguntas:

a. ¿Siente que en su trabajo tiene mucha presión y parece que nunca estará al día?

b. ¿Su familia se queja de que no le dedica suficiente tiempo?

c. ¿Ha venido postergando, una y otra vez, iniciar un programa de gimnasio, deporte, caminatas, o en general de desarrollo físico?

d. ¿Tiene mucho tiempo sin leer los libros que le gustaría, o sin ir a buen espectáculo, o al teatro, o simplemente sin disfrutar tiempo tranquilamente con sus amistades?

e. ¿Le falta tiempo para dedicar diariamente un momento a reflexionar sobre su vida, su familia, su trabajo?

¿Encontró más de un "**si**" en sus respuestas? ; ¿Le gustaría responder "**no**" a todas estas preguntas?

El beneficio real, verdadero, derivado del incremento del tiempo bueno, es alcanzar logros concretos y específicos; por ejemplo que usted pueda responder "**no**" a todas o casi todas las preguntas anteriores. Es obtener lo que nos hayamos planteado tanto en el ámbito de lo profesional o laboral, como en el área de lo personal o familiar. Completar sucesivamente los pequeños y grandes proyectos con los cuales nos hayamos comprometido es una medida del éxito en cualquiera de los ámbitos de nuestra vida. Si estos proyectos y anhelos están inscritos dentro de una globalidad armónica que confiera sentido y orientación a la vida, entonces su culminación alcanzará los altos niveles de la realización personal.

Alcanzar metas, objetivos y culminar proyectos, conduce en forma natural a la conciencia de control sobre la propia vida, a la consiguiente disminución del estrés y al incremento de la satisfacción interior. Esto constituye el beneficio fundamental. Al fin y al cabo, es lo que cualquier persona aspira; una grata sensación de realización vital y de paz interior. **Una mayor calidad de vida.**

Las personas que han alcanzado un alto nivel de control sobre los eventos de sus vidas, que han identificado sus valores y creencias y se han identificado voluntaria y conscientemente una **misión**, así no sea de dimensiones heroicas, y expresada en objetivos claros, retadores pero viables, son personas que no están "apuradas" y no suelen quejarse de la falta de tiempo. Sus actividades fluyen a un ritmo suave y continuo sin muchos sobresaltos, rara vez son impactados por "crisis" y cuando éstas ocurren las manejan con serenidad y siempre tratan de aprender algo de ellas. Estas personas no acostumbran quejarse de la falta de tiempo, o de las dificultades encontradas, ni tampoco son expertos en fabricar excusas para explicar el no haber alcanzado una meta o cumplido una actividad.

6. **¿En Cuánto Tiempo Puedo Completar un Programa de Eficacia Personal?**

La pregunta inquietante que cualquiera pudiera hacerse, al percibir los valiosos beneficios que un programa de eficacia personal le puede aportar, es: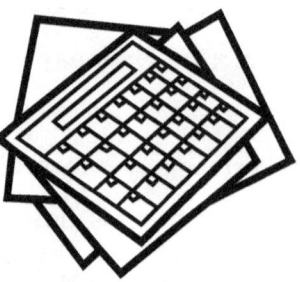

¿Cuánto tiempo tomaría desarrollar un programa de eficacia personal adaptado a mi realidad?

La respuesta es sencilla: aproximadamente dos meses.

Aunque este libro se puede leer corrido en unas horas, eso no basta. Mas importante y útil es usarlo por segunda vez como una **guía diaria** para una progresiva adopción de nuevos hábitos, ejercicio de prácticas de eficacia y despliegue de estrategias que rápidamente irán aportando beneficios evidentes. Para ello se usarían la páginas finales de cada tema, donde están preguntas claves y orientaciones para incorporar las ideas fundamentales de ese tema. Este programa de adopción puede tomar dos meses.

El primero será el que requiera mayor esfuerzo y atención. El segundo menos, y de allí en adelante ya se habrá ganado el impulso y la velocidad necesarias para que el gran cambio se instale, y el **programa de eficacia personal sea para siempre.**

Una vez operadas estas grandes y significativas transformaciones y se sientan los beneficios alcanzados, ya no habrá ninguna razón para abandonar los cambios y regresar a las etapas de escaso control sobre el tiempo de la vida y a los días llenos de **tiempo malo.**

El programa de **eficacia personal** que cada quien elabore partiendo de las ideas de este libro, ajustado a su tipo de actividad, a su estilo de vida, y a su gusto, será en definitiva un cambio permanente e importante. **Un cambio para siempre.**

Más Tiempo Bueno, Menos Tiempo Malo

CAPITULO II

SEIS LEYES IMPORTANTES QUE NO PUEDE OLVIDAR.

"Las leyes naturales son patrones fundamentales de la vida que la experiencia ha validado. Describen las cosas como realmente son y no como pensamos o deseamos que sean".

Hyrum W. Smith.

En este momento es indispensable recordar algunas relaciones fundamentales externas a nosotros, que silenciosamente gobiernan muchos eventos que ocurren a nuestro alrededor. Nos referiremos a "leyes naturales", especialmente aquellas que gobiernan nuestra realidad en el ámbito interpersonal.

Las leyes naturales nadie las inventa; están allí; siempre han existido y siempre existirán; sólo se les descubre. Si deseamos avanzar en nuestra búsqueda del tiempo bueno es necesario darnos cuenta de la existencia de leyes que determinan nuestra realidad...

Una ley natural es un patrón que determina como ocurren las cosas; no puede ser anulada, repelida, dominada. Siempre está allí, inmodificable, inmutable y silenciosa. Como en la Física la ley de la gravedad, la ley causa – efecto, las leyes de Newton, o en la Biología las leyes de la Genética. Pero aquí nos referiremos específicamente a leyes naturales del comportamiento humano en situaciones interpersonales.

No pretendemos haber descubierto ninguna nueva ley natural del comportamiento y tampoco pensamos conocerlas todas, pero confiamos en poder identificar ciertos patrones de comportamiento de las realidades extrínsecas e interpersonales que son útiles para el propósito de un plan de eficacia personal.

De las muchas leyes naturales que afectan la realidad de las relaciones interpersonales a continuación se presentan seis, cuya compresión y aceptación serán muy útiles para un programa de eficacia personal y de búsqueda del tiempo bueno.

1. **Nuestros Valores Determinan Nuestras Prioridades.**

"No tengas miedo de nada
Cuando sepas que estás en lo correcto"

Charles W. Elliot

Valores, valores, valores. Cuánto se escribe y se habla de ellos; pero, ¿estamos claros en lo que son? Existe mucha confusión al respecto y por eso vale la pena recordar algunas ideas esenciales.

En conferencias y talleres sobre el tema a veces pregunto a la audiencia si creen que un traficante de drogas, o un asesino a sueldo tienen valores. Las respuestas de los participantes son divididas; muchos dicen que no, pero luego cambian de parecer cuando se les explica que todos tenemos valores, tanto un criminal como un benefactor de la humanidad (como por ejemplo la Madre Teresa de Calcuta). Tanto un impostor, un estafador, como un correcto y honesto profesional tienen sus propios valores. La cuestión fundamental es que esos valores son muy diferentes en cada uno de ellos. Ambas personas actúan según sus propios valores, aun sin darse cuenta. Los valores que uno y otro poseen determinan sus prioridades.

¿Qué son entonces los valores? Son principios que operan en el nivel del subconsciente y que afectan e influyen en el comportamiento de cada uno de nosotros. Los valores que cada cual tiene le son en muchos casos desconocidos, pero sin embargo allí están: operando y determinando conductas. Así, es muy probable que el criminal nunca en su vida haya escuchado de valores, pero muy en su interior, yacen unos principios que le hacen actuar criminalmente. Paralelamente, el buen benefactor de la sociedad, aunque seguramente si conoce de valores, es posible que a lo mejor no conozca con certeza aquellos principios que determinan sus acciones humanitarias.

Los valores son las causas que nosotros creemos son de mayor importancia y de más alta prioridad en la vida. Silenciosamente nos hacen escoger entre una acción u otra diferente. Los valores del criminal (alguien pudiera llamarlos antivalores) le hacen priorizar el acto delictivo, el robo, la estafa, o el asesinato, sobre el respeto a la Ley, la propiedad y la vida. Los valores de un buen benefactor le hacen priorizar la dedicación a la ayuda a otros sobre su propia comodidad, su salud y eventualmente su vida.

Los valores de un cierto hombre de negocios pueden hacer que le dé prioridad a su enriquecimiento sin preocuparse por la transparencia y legalidad de sus negocios, el cumplimiento con los socios y empleados y por la satisfacción de los clientes. En contraste, a otro empresario su sistema de valores le inducirá a actuar dentro de la Ley, la ética empresarial y el cumplimiento con los socios, empleados y clientes. Todos tienen valores, aun cuando no estén conscientes de ello, no importa que no los conozcan:

sus valores están allí, gobernando y priorizando sus acciones.

¿De dónde vienen nuestros valores? ¿Podemos adquirir valores como se compran camisas o zapatos? Naturalmente no. No es posible obtener valores tan fácilmente. Se podrá decir, se podrá ostentar que se tienen tales o cuales valores, como publicitariamente hacen algunas empresas que presentan sus "valores corporativos" en sus oficinas, portales electrónicos y en su publicidad, pero ante la vista de un observador atento se descubren contradicciones entre el decir y el actuar. Las acciones de las personas, y de las empresas, hablan muy fuerte de sus valores. "Por sus frutos los conoceréis" dice el Evangelio.

Nuestros valores gobernantes se han originado desde distintas fuentes. Este es un tema relacionado con la psicología, la sociología, la antropología e inclusive la genética. Esto último por cuanto algunos de los valores personales más arraigados parecen surgir de la conformación genética de la familia y todavía quizás de una familia aun mayor: la raza humana. Esos valores ancestrales parecen estar impresos en la persona por el aprendizaje milenario de cientos de generaciones. Esto es   lo que algunos llaman la "memoria colectiva". Por ejemplo, el valor de la vida en si misma, que es común en el hombre, o la innata percepción entre lo bueno y lo malo.

Pero también existen otros valores originados por la cultura a la cual pertenecemos, y así se desarrollan diferencias entre el sistema de valores de un occidental y el de un oriental, o entre el de un aborigen australiano y el de un esquimal. Pero el hecho más importante es que la mayoría, la gran mayoría, de los valores personales se origina en nuestra crianza, en la interacción con padres, hermanos y familiares cercanos. Los primeros años de la vida son vitales en la adquisición de buena parte de los valores que más tarde se tendrán como adulto.

Sin embargo, otro grupo de valores será añadido por la interacción con amigos, vecinos, maestros y compañeros de estudio, que silenciosamente van dejando huellas, buenas o malas, en el sistema de valores de cada quien. Es también innegable la influencia de nuestros "héroes", personas admiradas o respetadas que han estado cerca de cada quien, que han tocado sus vidas, antes o ahora, y han servido de ejemplo imitable, de inspiración fértil y han contribuido a descubrir y mejorar lo que ha estado dentro de cada quien. Entre los "héroes" generalmente más influyentes están, además de los padres (sí fueron percibidos así), los maestros singulares, algún miembro especial de la familia, un escritor inspirador, ciertos deportistas o artistas famosos, o un jefe extraordinario.

Naturalmente, en la formación de los valores deben considerarse los talentos que se posean, los cuales privilegian o facilitan la adquisición de unos valores sobre otros. ¿Pero puede consciente y voluntariamente incorporarse valores a los ya existentes? Si es posible, pero exige un nivel de autoconocimiento muy elevado y un poderoso y sostenido deseo de cambiar o mejorar. De la misma manera, así como pueden incorporarse, también pueden conscientemente desecharse valores considerados inconvenientes.

Para la búsqueda del **tiempo bueno** y para un plan de eficacia personal la cuestión fundamental es la relación de esta búsqueda con los valores personales porque nuestro sistema de valores influye, unas veces en alto grado otras en menor grado, en el establecimiento de nuestras prioridades y consiguientemente en nuestras acciones. Lo que hacemos y lo que no hacemos; cual acción abordamos primero y cuál dejamos "para después", son decisiones que están influidas por nuestros valores; aun cuando no seamos conscientes de ello.

Dada la importancia que el sistema de valores tiene en nuestro actuar y considerando lo profundo que tal sistema está en nuestro subconsciente **es primordial hacer un esfuerzo deliberado para llevar tales valores a la superficie y poder tomar conciencia de ellos. Será un ejercicio trascendental y de muy poderosas consecuencias**. Cuando después de una reflexión sin prisa se puedan identificar e incluso escribir nuestros principales valores gobernantes, se habrá avanzado un paso gigantesco hacia el control de la propia vida, hacia el equilibrio interior y se establecerá la base esencial para la eficacia personal y para la distinción entre el **tiempo bueno** y el que no lo es.

Con el tiempo, cada quien comprenderá que un **sistema de valores** no es inmutable. Las distintas etapas de la vida y las diferentes circunstancias afectan el sistema, tanto en su composición como en su jerarquía. Con el tiempo y el acontecer de la vida, unos valores perderán importancia relativa e incluso podrán salir del sistema, mientras otros pueden subir en la escala, y quizás nuevos valores puedan incorporarse.

Complementariamente a los valores personales, también tenemos nuestras **creencias**, que son ideas o conceptos que asumimos como ciertos o correctos, y que indudablemente influyen o limitan nuestro actuar. El pensar que "todos los empleados son unos holgazanes", indudablemente sería una creencia derivada de algunas experiencias, pero que ciertamente condicionará la acción (muy inconveniente e injusta) de quien la posea.

Valores y creencias son pues elementos fundamentales en la búsqueda del **tiempo bueno**. Conozcamos o no nuestros valores, ellos están allí, y cada vez que puedan orientarán el curso de una acción o influirán en una decisión.
 Por eso, mejor será conocerlos, evaluarlos y renovarlos.

2. Somos Interdependientes.

> *"Sé amable con las personas, y exigente con*
> *el tiempo."*
>
> **Alan Leiken**

El hombre por naturaleza es un ser interdependiente, se ha desarrollado para vivir en comunidad, en sociedad. Es en compañía de otros como el hombre es capaz de lograr la plenitud de su vida y el cumplimiento de sus grandes o pequeños proyectos. La familia es la más evidente comprobación de la necesidad de complementación del hombre. Las comunidades, las ciudades, las naciones y también las empresas son formas de organización social construidas por el hombre para sinergizar sus esfuerzos.

Actualmente la complejidad creciente de los sistemas sociales hace indispensable tener presente la interdependencia en la cual actuamos. A veces pasamos por alto muchas relaciones de dependencia recíproca que nos vinculan con personas que quizás no conocemos. Todo nuestro sistema económico y los subsistemas industriales, comerciales y de servicio son una infinita y compleja red de relaciones que hace que cualquier acción en uno de sus elementos tenga alguna reacción, respuesta o efecto en otros. Nuestro sistema social es también muy complejo y formado por innumerables relaciones. En el marco más pequeño de nuestro ambiente laboral, profesional o de negocios es más visible la red de interconexiones presente. Cuando miramos el ámbito pequeño de lo familiar se hacen aún más visibles las relaciones de dependencia entre los miembros de una familia.

Yo los necesito, ellos me necesitan. Esta parece ser la matriz que define la interdependencia. La familia me necesita y yo necesito a la familia. Mis colegas o compañeros de trabajo me necesitan y yo los necesito. Mis clientes me necesitan y yo los necesito. Y así sucesivamente puede extenderse infinitamente esta matriz de la interdependencia.

En nuestra contemporaneidad resulta poco menos que inconcebible el desenvolvimiento aislado, autónomo y totalmente independiente. No sólo es absolutamente necesaria la relación con los demás, sino que es conveniente y gratamente enriquecedora. Los grandes logros, así sean de carácter personal o de nivel público, siempre requieren del trabajo, de la cooperación de varias personas, de un equipo. En el campo de la ciencia y de la tecnología, los grandes y espectaculares avances son el resultado del esfuerzo coordinado de largas listas de científicos. La industria, la agricultura, el comercio, los servicios, son actividades económicas donde el trabajo de los grupos genera el éxito.

Entender y asimilar la interdependencia es un avance bien importante en la cadena de la eficacia personal. Por un lado nos impulsa a favorecer el trabajo en equipo, a buscar la participación de los más idóneos, a dar la oportunidad de incorporarse a quien lo necesita y en general a fomentar la sinergia creativa de los grupos humanos. Por otro lado, nos recuerda que no debemos procurar construir nuestra eficacia sobre los demás, desconociendo su valor humano. Además de contrario a la ética, es también contraproducente.

Aunque esta ley natural pudiera parecer sin relación inmediata con la administración del tiempo, tiene gran importancia en la determinación del deber ser de un plan y de un propósito personal para mejorar nuestra eficacia. La idea básica es no despreciar o ignorar el tiempo de los otros con los cuales nos relacionamos, ni tampoco construir nuestro **tiempo bueno** sobre la base del irrespeto de los derechos de los demás o siendo rudos y descorteses con ellos.

Es primordial que la construcción y ejecución de nuestro plan de eficacia se haga conservando el equilibrio de las relaciones humanas cotidianas. De nada valdría un plan de actividades diarias muy completo y cumplirlo totalmente si durante ese día generamos varias molestias a colegas, empleados, amigos o familiares. Si controlar bien nuestro tiempo implica generar resentimientos en nuestro entorno social, entonces estamos pagando un precio muy alto por ello. Debemos entender la ley de la interdependencia; nosotros dependemos de otros y otros dependen de nosotros, y esto es cada día más cierto y valedero. Son muy pocas las actividades profesionales o de negocios que no requieren de muchas y frecuentes interacciones con las otras personas que forman el grupo definido dentro del cual se desarrolla nuestra actividad. Hoy ellos me necesitan; mañana yo los necesitaré, y así sucesivamente.

Ignorar a los demás en nuestro esfuerzo de eficacia personal es un costoso error, conduce a una progresiva pérdida de apoyo solidario que pueda venir de aquellos a quienes, casi sin darnos cuenta, hemos atropellado o maltratado en nuestro afán de ser muy eficientes en el uso de nuestro día. Ser "amable con las personas y exigente con el tiempo" es un concepto de Alan Leiken que expresa maravillosamente estas ideas. Lo contrario, ser amables con el tiempo y exigente con las personas carece de sentido.

Una de las varias aplicaciones prácticas que se desprende de esta ley natural es la necesidad de reservar en nuestros planes o listas diarias algo de tiempo para los demás. A veces no se puede identificar el tiempo que ellos requerirán de nosotros, pero si analizamos los imprevistos ocurridos en un día cualquiera de actividad veremos cuánto correspondía a necesidades de colegas, empleados o familiares, pues ellos pensaron en nosotros como la persona adecuada para orientarlos o resolverles un asunto. Así podremos visualizar que en nuestro tiempo está escondido una parte del tiempo para las soluciones de los demás.

Sin embargo, debe tenerse claro que el respeto a los demás implica previamente el respeto a nosotros mismos; no podemos dedicar todo nuestro tiempo a los demás, a menos que nuestra profesión o misión así lo determine. Para un maestro, médico, político, profesor, sacerdote y otras profesiones similares, la actividad básica es atender a los demás, y su eficacia estará ligada a la cantidad y calidad de esa atención. Igualmente, el rol de padre o madre, exige dedicación importante a la familia, propio de la naturaleza de esa condición.

3. No Todo es Controlable

Esta ley natural complementa la anterior; implica la comprensión de los eventos y procesos que en un momento dado, o permanentemente, están fuera de nuestro control. Por grande que sea nuestro esfuerzo no podremos crecer de estatura después de cierta edad, ni podremos ser estrellas de las grandes ligas del béisbol si nunca hemos jugado ese deporte, ni tampoco podemos hacer que deje de llover cuando queremos ir a la playa. Asimismo, existen procesos sociales, económicos o sicosociales sobre los cuales no tenemos capacidad para alterar su curso.

Esta ley está también referida a la creciente complejidad de los sistemas dentro de los cuales actuamos. El mundo del siglo XXI se parecerá sólo algo al del siglo XX y muy poco al del XIX. Los sistemas económicos, sociales, tecnológicos, políticos, financieros y culturales van aumentando en el número de sus componentes y de sus interrelaciones y cada vez es más escasa la certidumbre de los resultados de una acción y apenas es posible la aproximación probabilística a ese resultado. Por su parte, la complejidad de la persona humana siempre ha sido un desafío enorme, y por ser protagonista de casi todos los sistemas, su propia complejidad se añade a la de esos sistemas para hacer un todo aún más complejo.

Comprender y aceptar la infinita complejidad del hombre y del mundo en el cual actuamos es fundamental para el desarrollo de un plan de eficacia personal. Reconocerlo es sencillamente indispensable; Nos permitirá emplear ese tiempo, ese esfuerzo en la persecución de aquello que si está bajo nuestro control.

Hay una hermosa frase atribuida a distintos autores (entre ellos a Ruyard Kipling) que expresa hermosamente y con gran sabiduría más o menos estas palabras:

"Concédeme la serenidad para aceptar las cosas que no puedo cambiar, el coraje para cambiar las cosas que si puedo y la sabiduría para conocer la diferencia."

Partiendo de esta bella frase no sólo debemos dejar de luchar contra el tránsito urbano, el clima o contra personas que no podemos controlar, sino concentrar nuestro esfuerzo en identificar los procesos y eventos que afectan nuestro tiempo y nuestra vida. Es interesante hacer un inventario de lo que hacemos en un día o una semana y luego evaluar el grado de control que tuvimos sobre ella. Quizás nos sorprendamos de nuestro escaso control sobre lo ocurrido en ese lapso, pero lo importante es identificar lo que sí podemos controlar, para hacerlo mejor, más conscientemente, más orientado.

4. Todo Éxito Requiere Esfuerzo.

La Física y su ley causa - efecto determinan que todo logro, todo resultado, todo éxito, sea consecuencia de alguna causa, de alguna fuerza que lo produce. Nuestros logros no pueden depender del azar, aunque a veces el azar pueda sorpresivamente producir  resultados agradables y positivos, pero otros muy desagradables y negativos. No podemos esperar que el azar nos dé lo que queremos o ansiamos, debemos buscarlo y ello requiere esfuerzo y constancia. Lograr un excelente uso de nuestro tiempo es también un resultado importante y naturalmente necesita esfuerzo.

Esfuerzo significa aplicar fuerza constante o creciente en un determinado sentido y durante cierto tiempo, largo o corto según sea necesario. Lo que queramos obtener o hacer en la vida, debemos esperarlo en primer lugar de nosotros mismos. Si optamos por ésto deberemos dedicarle tiempo, fuerza y dirección al logro de esos objetivos o anhelos.

Esfuerzo no significa sufrimiento. El esfuerzo es estimulante, vitalizador, agradable y divertido. Todo depende del propósito del esfuerzo.

El esfuerzo es consumidor de energía pero a la vez es generador de nueva motivación que nos permite persistir en nuestros proyectos, sin sufrimientos ni amarguras. Si usted sufre, siente desagrado, frustración, molestia o amargura por realizar un determinado esfuerzo, deténgase, revise, reflexione, pues probablemente está empujando en la dirección equivocada y debe dejar de hacerlo.

5. Lo que Importa no Siempre está a la Vista.

La inmensa cantidad de información, de estímulos, ofertas, promesas que diariamente recibimos a través del Internet, la televisión, la radio, la prensa, de vendedores, amigos, predicadores, de nuestro entorno laboral, del sistema político, es de tal magnitud  que a veces se satura nuestro tiempo y nuestra inteligencia para poder percibir otra información. Se requiere hacer un gran esfuerzo para salir de ese bombardeo informático y poder percibir lo que realmente importa.

Pocas veces podemos percibir con claridad de mediodía cuales son las cosas que importan para nuestra vida, nuestra profesión, nuestra actividad de negocios. Rara vez esto sucede, la mayoría de las veces las cosas importantes tienen que "luchar" contra una multitud de otras no importantes para hacerse visibles. Son como unos amigos que en una muchedumbre, en un estadio lleno de gente, nos saludan tratando de hacerse visibles, pero nosotros no podemos distinguirlos en medio de miles de otras personas. Así ocurre con nuestras cosas importantes, no son fácilmente visibles, requieren esfuerzo para detenernos y escrutar cuidadosamente esa multitud y encontrar allí a nuestros amigos.

La clave para distinguir lo importante de lo trivial, radica en la clarificación de los valores y objetivos fundamentales de nuestra vida. Esto nos permitirá saber qué nos acerca o aproxima a los objetivos importantes y qué nos aleja. Una vez definido esto, la siguiente tarea es distinguirlo entre la multitud de ocasiones y situaciones que se nos presentan cotidianamente.

Al conocer con claridad cuales son los asuntos vitales podremos dedicarles la mayor parte de la energía a ellos y así obtener los resultados o logros esperados. Si aplicamos el esfuerzo a las cosas triviales obtendremos resultados triviales.

Una derivación interesante de esta ley es el conocido Principio de Pareto, formulado en el siglo XIX por un economista italiano en el contexto de las ciencias económicas y sociales. Este principio establece, en general, que la mayor parte de los resultados de los sistemas (el 80%) es producido por una minoría de causas eficientes (el 20%). Esto lleva a decir que el 80% de los resultados se logra con el 20% del esfuerzo. Aunque no existe una demostración matemática del Principio de Pareto, la realidad nos dice que describe bastante bien el comportamiento de muchos sistemas, especialmente los sistemas de las empresas y organizaciones similares. A los especialistas en administración de almacenes les encanta decir que el 20% de los renglones absorbe el 80% de los movimientos de la mercancía y que el 80% de los renglones solo se "mueve" 20%. Los gerentes de ventas afirman que el 80% de sus ventas provienen del 20% de sus clientes. Así pueden encontrarse numerosas situaciones en las cuales el Principio de Pareto explica muy bien ciertas realidades de la vida.

El Principio de Pareto nos recuerda la necesidad de comprender la complejidad de los sistemas en los cuales nos toca actuar, para saber aplicar nuestro esfuerzo a esas pocas actividades vitales y no malgastar tiempo en las triviales. Pero la complejidad de los sistemas puede confundirnos y sólo después de cierto y detenido examen podemos distinguir lo trivial de lo vital.

6. El Trabajo se Expande hasta ocupar el Tiempo Disponible.

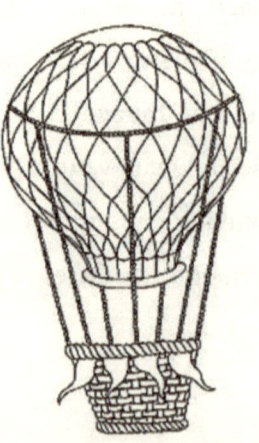

Esta ley formulada tiempo atrás por el sociólogo británico Norcotte C. Parkinson, nos ayuda a comprender la muy común situación de actividades o proyectos que se terminan más allá de la fecha prevista de culminación, o en el mejor de los casos en la fecha prevista, pero casi nunca antes de ella. Igualmente nos explica el hecho de que si recortamos el tiempo asignado a un proyecto encargado a un equipo de personas, pero ejercemos una estricta supervisión y hacemos suficiente presión sobre el equipo, el trabajo se terminará en la fecha. Pero lo contrario también es cierto, si alargamos el lapso, y aflojamos el control el trabajo se terminará en tiempo más largo.

La Ley de Parkinson no tiene ver con las fuerzas de la naturaleza, ni de los   sistemas económicos; tiene relación fundamentalmente con las personas y su comportamiento y de ella se derivan algunos interesantes y útiles corolarios; entre éstos los siguientes:

- La mayoría de las personas y los equipos de personas necesitan la definición de un horizonte temporal, es decir una fecha, para el desarrollo de proyectos, actividades, etc. La ausencia de tal horizonte produce incomodidad y le resta motivación al equipo de trabajo. Cuando está determinado mediante fechas límites, las personas y los equipos se motivan a cumplir con ellas y si está asociado a un premio o una penalización la motivación puede ser aún mayor.

- Muchas veces las personas y los equipos dosifican el ritmo de trabajo al tiempo disponible. Algo así como calcular mentalmente la velocidad a la cual debemos avanzar para llegar a la meta en el tiempo previsto, ¡y no antes!. De esta forma, si el tiempo disponible es amplio el ritmo será bajo y cómodo. Si el tiempo asignado es escaso, el ritmo será rápido y exigente, pero siempre para terminar a tiempo. Rara vez nos proponemos un ritmo acelerado y exigente para terminar antes, para dejar al final tiempo libre o no usado. Dosificamos el ritmo para tratar de terminar en el tiempo justo, o muy cerca de él.

> "Así como los gases se expanden hasta ocupar el recipiente que los contiene, el trabajo también se expande hasta usar todo el tiempo disponible".

CAPITULO III

PARA DOMINAR EL ENEMIGO INTERNO DE SU TIEMPO BUENO.

"Si haces lo que siempre has hecho, no llegarás más lejos de lo que siempre has llegado".

Anónimo.

En este punto del libro ya Ud. tendrá una cierta sospecha de quien es el enemigo interno de su tiempo. Si piensa que tal enemigo es...Ud. mismo, ¡acertó! Efectivamente, el principal, el más dañino y el más difícil de vencer enemigo de nuestro tiempo bueno somos nosotros mismos.

Sugerimos hacer un inventario de las actividades de un día o una semana y luego revisar cada una de esas actividades y eventos para así conocer el nivel de control sobre ellas. Si aumentamos la lupa con la cual examinamos esa lista, observaremos que una parte de ellos estaba fuera de nuestro control, pero una porción significativa de los eventos o actividades que nos hicieron perder tiempo estaban de algún modo bajo nuestro control. Pero sí aumentamos aun más el lente con el que analizamos esa lista quizás podamos encontrar que esas actividades improductivas respondían a la manera "acostumbrada", a veces casi irreflexiva o automática de hacerlas. En otras palabras, nosotros lo hacemos así, siempre lo hemos hecho así. Más claro aun ¡son nuestros hábitos!

A continuación se presenta un formato para registrar las actividades diarias. Puede completarse al final del día o bien a medida que transcurre el día. Lo ideal es hacerlo durante varios días, de manera que conozca en realidad cómo son sus días. Después de hacerlo encontrará algunas sorpresas y muchísimas oportunidades para ser más eficaz.

Registro de Actividades

Fecha _____

Hora	Actividad realizada	Nivel de Utilidad			Nivel de Control		
		Alto	Poco	Nada	Alto	Poco	Nada

"Somos aquello que repetidamente hacemos" expresó sabiamente Aristóteles en la antigua Grecia. Somos nuestros hábitos. Quizás hasta el 90% de lo que hacemos en un día está determinado o influido por nuestros hábitos. Para bien o para mal somos gobernados, más de lo que creemos, desde el inconsciente por unas pautas de conductas desarrolladas a través del tiempo.

Debemos aceptar que somos responsables de una gran parte del tiempo que usamos mal (es decir, del **tiempo malo**). Es una consecuencia del poder de nuestros hábitos.

Desde la forma como cepillamos nuestros dientes, lo que decimos cuando contestamos el teléfono, hasta la forma y calidad con la cual escuchamos a los demás, o la manera como escribimos un informe; son pautas inconscientes de acción, lo hacemos "automáticamente".

Pero la buena noticia es que podemos modificar los hábitos con los cuales no estemos satisfechos y además podemos adquirir e incorporar otros que nos parezcan mejores. La pertinencia de los hábitos dentro de un programa de eficacia personal y de búsqueda del tiempo bueno, se justifica por que una parte considerable de nuestro tiempo diario lo usamos inconscientemente, y si ese uso no es apropiado, entonces será urgente revisar y modificar nuestros hábitos. Si logramos desarrollar hábitos de eficacia estaremos dando un salto de gigante hacia una vida más eficaz y plena. Hacia una mayor calidad de vida.

El desarrollo de nuevos hábitos no es fácil ni rápido. Exige el conocimiento profundo de los beneficios buscados. Esto nos motivará a ejercer la voluntad consciente para incorporar en nuestra conducta diaria nuevas maneras de actuar. Pero es la repetición de la acción, todos los días, una y otra vez, la que "grabara" el nuevo hábito en el inconsciente, hasta llegado el momento cuando sin ningún esfuerzo consciente ya estemos haciendo lo deseado. A esto se le llama disciplina; lograr desarrollar las pautas de conducta que deseamos, ¡y desarrollar los hábitos que deseamos tener!

Algunos hábitos pueden ser más fáciles de incorporar que otros, y esto es particularmente cierto cuando no existe un hábito preexistente opuesto al nuevo. Si no es así, puede ser necesario algún tiempo para lograr "reprogramarnos". Así pues, la manera de vencer el poderoso enemigo interno de su tiempo es desarrollando hábitos de eficacia.

Los hábitos descritos en este capítulo son una calificada selección de los muchos hábitos positivos que pueden desarrollarse. Posiblemente alguno ya forme parte de su arsenal inconsciente; entonces le resultará interesante reforzarlo. Si no es así, mucho mejor, encontrará nuevas oportunidades para darles más eficacia a su cotidianidad, controlando mejor las actividades y eventos que si puede controlar.

> *"Los hábitos solo son vencidos por otros hábitos"*
>
> **Tomas Kempis**

1. Tome Consciencia del Uso de su Tiempo

> *"Carpe diem"* (Aprovecha el día)
>
> ***Horacio, 650 ADC***

Se dice comúnmente y con mucha razón que el tiempo es un recurso no renovable y esa idea es básica tenerla siempre presente en nuestras actividades. El tiempo disponible es finito, tiene su momento de agotarse.

Tiempo que pasa ya no regresará, hagamos lo que hagamos. Esto debe darnos una muy importante orientación sobre el valor del tiempo; es igual al valor de nuestra vida. Debemos usar ese recurso escaso y no renovable en aquello realmente significativo, es decir, en alcanzar los objetivos de vida. Tomarlo en cuenta, tener consciencia, es vivir el tiempo, es ser elprotagonista de la propia existencia, es darle sentido proactivo a nuestro tiempo.

Tenga bien presente que eso "no tengo tiempo para tal o cual cosa" es una mentira del inconsciente (¿...o del consciente?), una manera de decir que no queremos hacerlo, que nos desagrada, que sentimos temor, ansiedad, o que simplemente ese tiempo se lo dedicaremos a otra actividad. No existe tal cosa como "no tener tiempo". Todos tenemos las mismas 24 horas al día, las mismas 168 horas semanales. Si no encontramos tiempo para A es porque preferimos B, o alguien nos ha impuesto hacer B. Tener consciencia del uso del tiempo es preguntarse ¿cuál es realmente importante: A o B? ¿Cuál voy hacer?

a. **Reflexione sobre lo que está haciendo... ahora!**

El hábito de tener consciencia y evaluar frecuentemente el uso del tiempo consiste en acostumbrarnos a reflexionar cotidianamente sobre lo que estamos haciendo en cada momento y su importancia para nuestra vida. El ejercicio repetido de esta reflexión al comienzo puede ser difícil e incómodo, pero conducirá hacia una evaluación constante de la pertinencia y utilidad de las actividades que hacemos rutinariamente. Este hábito será muy útil para aprender a cuestionarnos nosotros mismos sobre las rutinas que inconscientemente hacemos y que no aportan nada a nuestros objetivos.

Por otra parte, el cuestionamiento frecuente del uso de nuestro tiempo nos ayudará a percibir los cambios que se estén produciendo en nuestro entorno y nos alejará de seguir invirtiendo tiempo en la dirección equivocada, desarrollando actividades que una vez fueron importantes y útiles, pero que un tiempo después ya no lo son.

Alan Leiken desarrolla un concepto similar a través de la llamada "Pregunta de Leiken", la cual debemos hacernos frecuentemente: **¿Cuál es el mejor uso de nuestro tiempo...ahora?** Esta pregunta permitirá ubicarnos rápidamente en el rumbo correcto cada vez que tengamos la opción de escoger el uso del tiempo inmediato.

Es por eso necesario clarificar la misión y los objetivos de vida, los cuales le darán mucho más sentido al uso del tiempo y permitirán que su valoración frecuente sea más clara. Así será más fácil discernir el valor e importancia de cada cosa. El hábito Nº 2, **"Fije Objetivos y Concéntrese en Ellos"**, desarrollado mas adelante en este capítulo resulta el complemento indispensable para este primer hábito de la eficacia.

b. ¿Cuánto Vale Su Tiempo?

Emplear tiempo haciendo fila en un banco para realizar una operación rutinaria, tal como un depósito o hacer efectivo un cheque, es una actividad que puede ser vista desde dos ángulos;

puede ser tiempo **bueno,** o tiempo **malo.** Si usted es un jubilado con poca o ninguna actividad profesional, con escasos compromisos familiares, el estar 30 a 60 minutos en un banco puede resultar una oportunidad para encontrar viejos amigos, conversar con otras personas y quizás hasta para estirar las piernas, todo lo cual a lo mejor está inscrito dentro de objetivos, implícitos o explícitos, de socializar y de compartir experiencias. Así tiene una oportunidad de lograr algo de ello mientras se hace la necesaria e inevitable transacción bancaria. Este sería un uso **bueno** del tiempo disponible.

Si en el mismo caso anterior ubicamos a un profesional activo o un hombre de negocios, el estar media o una hora en un banco, es un desperdicio casi criminal de un tiempo que puede destinarlo a avanzar algo o mucho en actividades conducentes a sus objetivos; en estos casos es un ejemplo de uso **malo** del tiempo. En esta situación el hombre de negocios no debería destinar tiempo en actividades que puedan eliminarse, delegarse o simplificarse, por medio de cualquiera de las opciones disponibles actualmente para las transacciones bancarias electrónicas.

El tiempo tiene un valor inconmensurable y prueba de ello es lo que estaríamos dispuestos a dar o pagar por tiempo adicional, por más años en la vida.
Algo de tanto valor debe emplearse inteligentemente, usarse en las actividades que conduzcan a nuestros objetivos, a cumplir la misión que nos hayamos propuesto en la vida.

> *Es esencial adquirir el hábito de tomar consciencia y evaluar frecuentemente el uso que en cada momento damos a nuestro tiempo. Al principio será interiormente incómodo, pero una vez que el hábito se vaya internalizando y veamos los beneficios inmediatos de evaluar el uso del tiempo ya no sentiremos otra cosa que la motivación hacia la eficacia.*

Eficacia en Síntesis

- Al comenzar el día dedique unos minutos a evaluar el uso de su tiempo en el día anterior. Igualmente hágase un propósito de solo tener **tiempo bueno** en el nuevo día.

- Durante el día, hágase varias veces la pregunta ¿Cuál es el mejor uso de mi tiempo, en este momento?

Revisión Personal.

- Cuando comienza una actividad se concentra en ella y usa todo su tiempo sin preguntarse su importancia para los objetivos laborales o personales, con respecto a otras actividades que pudiera hacer
  Con frecuencia ( )   A veces ( )
  Nunca, casi nunca ( )

- Durante el día, en medio de sus actividades, se hace la pregunta ¿cuál es el mejor uso de mi tiempo en este momento?

Con frecuencia ( )   A veces ( )

Nunca, casi nunca ( )

Si sus respuestas fueron "nunca, casi nunca", seguramente querrá mejorar el dominio del Uso de su Tiempo. Use los siguientes espacios para escribir sus aprendizajes y sus compromisos de acción.

¿Qué aprendí, de que me di cuenta?

_____

_____

_____

_____

Mis propósitos

¿Qué voy a hacer?

_____

_____

_____

_____

¿Cuándo?

_____

_____

_____

_____

¿Alguien de mi entorno será afectado o involucrado?
¿Quién?

_____

_____

_____

_____

¿Necesito algún recurso para ejercitar este hábito?
¿Cuál?

_____

_____

_____

_____

2. Fije Objetivos Claros y Concéntrese.

"Si Ud. falla en planificar, Ud. planifica fallar"

Anónimo

Este hábito ayudará a dar la debida orientación a nuestra vida y a nuestro tiempo. Cuando se desarrolla este habito la vida y el tiempo tienen un claro sentido de dirección, de orientación hacia objetivos verdaderamente importantes, capaces de justificar el esfuerzo que se hace.

Si no se tiene una dirección definida, la administración del tiempo carece de sentido. Ahorrar tiempo ¿para qué?, ¿para malgastarlo en actividades triviales o en pasatiempos alienadores?. El esfuerzo de ganar tiempo debe justificarse por conducir a logros de gran significación, con sentido e importancia para la vida.

En la vida frecuentemente llegamos a encrucijadas, a cruce de caminos, a la necesidad de tomar una decisión, grande o pequeña. Ahora bien ¿cuáles son los criterios que nos permitirán escoger el mejor camino, seleccionar la opción más conveniente?. Respuesta: son los objetivos que tengamos para nuestra vida, la profesión, los negocios, o en lo personal. Mientras más claros y nítidos sean esos objetivos más fácil será avanzar continuamente a través de una vía con muchas encrucijadas. Si carecemos de una dirección, de un camino con Norte claro, lo más probable será que las decisiones que nos corresponda hacer las tome otro por nosotros y nos lleve por un camino que no sabemos a dónde conducirá. En otras palabras, la ausencia de un sentido de dirección vital puede hacer que nuestra vida esté a merced de otros y lo más triste sería que ocurra sin darnos cuenta de ello.

La corrosiva angustia de carecer de un Norte vital está magistralmente expresada en las palabras de Reinaldo Solar, personaje de Rómulo Gallegos de su novela de igual nombre, en las líneas siguientes:

- *"Y tú... preguntamos a Reinaldo Solar: - ¿Qué harás ahora?*
- *No sé. Busco todavía el rumbo de mi vida, la definitiva orientación de mi espíritu.*

- *Me parece haberte oído otra vez esas mismas palabras.*

- *¡Cuántas veces las habré repetido!. Ahora al cabo de tantos años gastados inútilmente en buscar mi camino, me encuentro otra vez en la encrucijada, ¡en la perenne encrucijada de la incertidumbre de mí mismo! ¡Esto es horrible, atroz!. ¡Buscarse a sí mismo toda la vida, por todos los caminos y no encontrarse!. ¡Ser una sombra que no se sabe quién la proyecta!. ¡Una voz que no se sabe quién la pronuncia!".*

a. La "Misión" Personal Hace Héroes.

El sentido de dirección vital requerido para darle profundo significado a lo que hacemos en la vida, se llama **"misión"**. Este término que ha sido usado desde hace mucho en planificación militar y empresarial, también tiene una gran utilidad en el contexto de la planificación personal.

Cuando se va a constituir una empresa sus promotores tienen en mente elaborar determinados productos o prestar servicios de alguna naturaleza. Luego, cuando se va a escribir el documento legal de esa empresa, esa idea específica de los promotores pasa a formar parte primordial del documento legal bajo la forma de "objeto". En ese artículo del documento legal, en términos amplios, se define el "negocio" de esa nueva empresa; se describe a lo que se va a dedicar.

¿Tenemos identificado, así sea en la mente, nuestro "objeto", nuestro "negocio" en la vida? La paradoja es que resulta mucho más fácil definirlo para un ente externo, para una empresa, que para nuestra vida. Por eso a veces se vive como si no fuera necesario realizar un esfuerzo de reflexión para identificar nuestro objeto vital. Pareciera asumirse que todos los humanos tenemos el mismo papel: nacer, crecer, reproducirse y morir; tal como es el ciclo básico de la biología. La vida puede tener un significado infinitamente mayor. Encontrarlo dará dirección, sentido y pertinencia a todas las acciones. De eso se trata la **misión personal**. Quienes aspiren a definir explícitamente su "misión" personal, deben desarrollar un proceso de reflexión sobre **quiénes son, lo que desean ser y lo que pueden dar**.

78

El proceso de búsqueda de la **misión personal** puede parecer difícil, pero no lo es. Para simplificar lo sugerimos desarrollar tres etapas de reflexión, cuyos resultados se irán escribiendo, pero siempre con la mente en el largo plazo. Estas etapas son:

En **primer lugar**, hacer un reconocimiento de los propios talentos: ¿Cuáles son mis fortalezas?, ¿Cuáles son mis competencias especiales?, ¿Para qué soy "bueno"?

En **segundo término**, clarificar los propios valores y creencias: ¿En qué creo?, ¿Cuáles son las cosas importantes para mí? ¿A cuáles principios no renunciaría nunca?

En **tercer lugar**, pensar sobre los aportes o contribuciones que desearía hacer a su familia, su comunidad, su país; o bien a la ciencia, al conocimiento humano, al arte....

En resumen, la misión no se inventa: se encuentra. Está dentro de nosotros y la tarea es identificarla y asumirla. Es un proceso muy importante, pero una vez completado genera una gran claridad que ilumina con nitidez el Norte Vital y el camino hacia él.

Al igual que el "objeto" de una empresa, o de su misión organizacional, la **misión personal debe ser escrita**, revisada, afinada o redefinida en consideración al mayor autoconocimiento progresivamente adquirido, o bien por una mejor evaluación de las limitaciones externas o internas. Pero revisada, redefinida o conservada en su versión original, disponer del enunciado escrito de una **"misión"** personal eleva a niveles superiores la motivación y el significado de nuestras acciones en la vida

Un enunciado **de misión personal** puede alcanzar dimensiones épicas y heroicas, o sencillamente ser una definición privada que alcance solamente el ámbito de lo familiar, profesional o personal. Tanto valor tiene una misión cuyo ámbito sea amplio y esté orientada al servicio heroico a los demás, a una comunidad, un pueblo, una nación, una causa, como aquellas misiones que se circunscriben al ambiente personal, familiar o de una pequeña comunidad.

Héroes como Teresa de Calcuta, Simón Bolívar, Juana de Arco, Nelson Mandela, son ejemplos de personas que desde muy temprano encontraron el sentido único de sus vidas y concentraron todas sus fuerzas en la realización de lo que entendieron era su misión. Al lado de estos grandes, luminosos e inspiradores héroes, siempre han existido y existirán millones de personas que también han identificado su rol en el mundo, que sin tener la dimensión épica de los grandes héroes universales, tienen un claro sentido de su vida y no desperdician tiempo en aquello que no contribuye al logro de esa misión. **Son los héroes de lo cotidiano.**

> *No importa cuál sea la amplitud o alcance de la misión; tampoco importa que sea pública o privada, lo fundamental es tener claro cuál es nuestro único, particular e indelegable "negocio"* en el mundo.

A continuación se presentan varios ejemplos diferentes de enunciados de misiones personales, en los cuales puede verse el particular sentido que cada una de esas personas le ha conferido a su vida.

"Mi misión es ser útil a quienes estarán conmigo. Útil a mi familia, como soporte moral y emocional, como generador de las condiciones para el desarrollo de cada uno de sus miembros. Útil a las otras personas con las cuales viviré, siendo una fuente de aliento, de estímulo y brindando mis conocimientos y experiencias. Útil a mi país, siendo un ciudadano activo, participando con aportes en todas las ocasiones posibles".

~•~

"Dedicaré mis esfuerzos al desarrollo de mi disciplina científica. Investigaré y profundizaré en ella hasta encontrar las respuestas y soluciones a mis interrogantes. A través de este esfuerzo encontraré soluciones a problemas que afectan a mis congéneres".

~•~

"Quiero dedicarme a desarrollar el mejor conocimiento de mi mismo y de los demás para en ese ambiente de aprendizaje lograr la armonía con los demás y con la naturaleza".

~•~

"Dedicaré mis esfuerzos a desarrollar el concepto de excelencia en mi negocio para que disfrute del favor de sus clientes y prospere económicamente, para así crear el patrimonio de mi familia y descendientes".

b. Objetivos y Metas. ¿Cuál es la Diferencia?

Un **objetivo** es un estado permanente o de prolongada duración que deseamos alcanzar. También puede asociarse a la posesión de un bien significativo que se desea tener. Así por ejemplo, un estudiante de secundaria quien desea ardientemente ser médico y siente especial inclinación por tal profesión, puede decirse que se ha fijado el objetivo de ser médico. La pareja joven que sueña tener una casa propia, amplia y cómoda, tiene también un objetivo determinado. Un joven profesional que aspire a llegar a presidente de la empresa donde trabaja también tiene un objetivo.

Las **metas** son las etapas intermedias, temporales, necesarias de alcanzar en el camino hacia un objetivo. Son peldaños en la escalera que llevan al objetivo.

Para el estudiante de secundaria llegar a ser médico, deberá pasar muchas metas intermedias: terminar la secundaria, ser admitido en la escuela de medicina, obtener los recursos o apoyo económico necesario y así sucesivamente. Para la joven pareja lograr comprar la casa de sus sueños, deberá alcanzar varias metas: ahorrar lo suficiente para la cuota inicial, alcanzar el nivel de ingreso apropiado para amortizar una hipoteca y otras similares. Naturalmente, nuestro ambicioso amigo que aspira ser presidente de la empresa, no lo va a lograr si antes no llega a jefe de sección, luego a supervisor, después a gerente de departamento y así en adelante, cumpliendo metas cada vez más exigentes.

Si los protagonistas de estos tres ejemplos se plantean sus aspiraciones como un objetivo fundamental y orientan sus esfuerzos hacia su logro, tendrán muy claro cuáles son las cosas que le convienen y cuáles no. Sabrán cuales decisiones tomar en las encrucijadas de la vida y cuales caminos escoger en cada oportunidad.

Los objetivos claros y deseados son como faros que nos orientan en una determinada dirección. Sin embargo, fijarse objetivos no es suficiente; ellos no traerán el éxito mágicamente hacia nosotros. Se requerirá un plan, una clarificación de las metas intermedias que deben sobrepasarse para llegar al objetivo. Todo demandará esfuerzo sostenido, y esto nos lleva al reencuentro con la cuarta ley natural: **"Todo éxito requiere esfuerzo"**.

Las situaciones de la vida real no suelen ser tan sencillas y claras como los tres ejemplos anteriores; rara vez se puede tener un sólo objetivo. En esa especialísima situación no se presentarían muchas dudas por cuanto la presencia de ese único objetivo deseado y buscado con fuerza será una guía bastante eficaz. En la mayoría de las situaciones vitales tenemos varios objetivos, no excluyentes sino complementarios. Se tienen objetivos particulares para cada una de las áreas de actividad que desarrollamos, es decir, para cada uno de los roles que desempeñamos en la vida.

c. **Las Dimensiones y Roles Fundamentales en la Vida.**

Los roles que cada quien elige desempeñar y que asume o que le son asignados, están asociados con las distintas **dimensiones** de la vida. Pueden parecer muchas, pero las resumiremos en sólo cinco. Las cinco **dimensiones** básicas de la vida y los roles que de ellas se derivan son los siguientes:

Dimensión Personal

Dimensión Familiar

Dimensión Económica

Dimensión Social

Dimensión Comunitaria

- La dimensión **"Personal"**, es el ámbito del "yo", de lo íntimo, de lo propio, de nuestra responsabilidad hacia nosotros mismos. Tiene relación con la atención que debemos brindar al mejoramiento, desarrollo y conservación de nosotros mismos para poder desempeñar los roles de nuestra vida.

Comprende aspectos tan importantes como la salud, no como ausencia de enfermedades, sino como la capacidad de ejercer plenamente las potencialidades del ser. Incluye necesariamente el desarrollo espiritual, la clarificación de los propios valores y creencias; la conveniencia de la meditación sobre las cuestiones esenciales de la vida; y también la religiosidad que cada quien desee asumir.

Comprende también el desarrollo de capacidades intelectuales para acrecentar nuestro potencial de ser eficaces en un medio de complejidad creciente y de constante cambio.

Significa estudio, actualización, experimentación y en general búsqueda de mayor conocimiento.

Lo emocional es también parte sustancial de esta dimensión, en el sentido de buscar el balance y armonía de las necesidades afectivas que se desarrollan con las otras personas que forman parte de nuestro entorno.

* La dimensión de lo "**Familiar**" es el ámbito de la interdependencia y del amor en el núcleo social más cercano e íntimo. Comprende uno de los roles más obvios y evidentes que desempeñamos en la vida, pues siempre somos parte de una familia. El rol va evolucionando desde hijo, luego pareja y posteriormente padre o madre. Casi todas las personas transcurren buena parte de sus vidas dentro de un marco de relaciones, compromisos y satisfacciones familiares que llenan una parte significativa de ella.

Esta dimensión es sumamente importante y poderosa y generalmente los roles de miembro de una familia, como padre, madre o cónyuge, demandan casi todo el esfuerzo y el tiempo de la persona y subordina otros roles a éste. Pueden adquirir una gran dimensión, ocupar amplio espacio y empequeñecer o hacer invisibles otros roles de la persona, quien así obtiene una amplia satisfacción emocional y un sentido pleno de la vida.

- La dimensión "**Económica**" origina el conjunto de roles con sus actividades, relaciones y compromisos vinculados generalmente con el trabajo o con la actividad intelectual o física mediante la cual generamos los recursos para financiar los otros roles, entre ellos el familiar. Pero no debemos ver el trabajo remunerado, el ejercicio de una profesión, el manejo de negocios o empresas solamente como un medio de obtener dinero. Debe incluir el desarrollo y el mejoramiento de las capacidades intelectuales para el ejercicio de esas actividades. Por eso el estudio, la educación continua y las relaciones enriquecedoras son aportes valiosos que enriquecen esta dimensión.

El **dinero y los bienes** son un área bien importante de la dimensión **económica** por cuanto resulta bien difícil, si no imposible, ignorarlos al menos en el marco de nuestra civilización y nuestro tiempo. El dinero brindará soporte a las actividades derivadas de las otras dimensiones; su vinculación con la dimensión "familiar" es inmediata e intensa. Debemos verlo como un **recurso** para el logro de objetivos en otras dimensiones.

El dinero no puede ser por si mismo un objetivo vital, su simple acumulación no significa nada. Lo importante es el potencial de **hacer** derivado del dinero. En nuestro contexto económico y cultural es esencial para el desarrollo familiar, para la obtención de bienes materiales y para disponer de suficiente tiempo para el disfrute. Pero el dinero se obtiene mediante el trabajo, bien sea ejercicio profesional o ejercicio de negocios. Rara vez se dispone de él por vía del azar o de la herencia, pero aún en estos raros casos demandará esfuerzo para su manejo y buena administración.

- No estamos solos y difícilmente podremos avanzar en nuestro desarrollo y en el logro de nuestros objetivos sin el concurso de otras personas. Somos interdependientes y esta es la base de la dimensión "**Social**" de la vida. Se refiere a las relaciones con los otros y es una necesaria complementación de las demás dimensiones vitales.

El intercambio afectivo, la comunicación, el aprender de otros, el enseñar, el poder influir en ellos, las satisfacciones emocionales derivadas del contacto con otros, constituyen singulares oportunidades de crecimiento espiritual, emocional e intelectual. Las relaciones son el soporte de todas las otras dimensiones y aunque su grado de influencia varíe de una a otra, en todos los roles que tengamos estará presente la necesidad de la interacción con los otros.

- La dimensión "**Comunitaria**" se refiere al marco social más allá de la familia y del trabajo. El rol, o los roles, que escojamos desempeñar en el compromiso con la comunidad pueden ser muy variables; desde el mínimo cumplimiento de las obligaciones básicas de un ciudadano (pagar los impuestos, cumplir las leyes, votar) hasta niveles de muy alto compromiso y de grandes aportes a la comunidad.

  Cuando los objetivos de una persona están centrados en la dimensión comunitaria desarrollan hermosas vidas consagradas al servicio a los demás, desde el inadvertido y silencioso servidor social o el líder de una pequeña comunidad, hasta aquellos que alcanzan alturas heroicas, como los grandes líderes políticos, religiosos, defensores de derechos humanos, dirigentes gremiales, ecologistas y otros, que dan inmensos aportes a su gente, y en ello encuentran el sentido de sus vidas.

Eficacia en Síntesis

- Reflexione sobre su misión en la vida, es decir, su papel en el mundo. Luego escriba una sencilla definición en pocas líneas; así sentirá mucho más sentido de dirección. Al pasar un tiempo revísela y rescríbala.

- Los objetivos son un estado más o menos permanente que deseamos alcanzar o un logro material que se aspira obtener. Definir los objetivos de vida le da sentido de orientación y motivación a la acción.

- Las metas son escalones intermedios en el ascenso hacia un objetivo. Las metas no son la llegada, son estaciones hacia el objetivo. Las metas deben ser superadas, no son para permanecer en ellas.

- Los roles son los deberes que elegimos cumplir en la vida. Se desprenden de las dimensiones de la vida, de las cuales se han considerado cinco: personal, familiar, económica, social y comunitaria.

Revisión personal

- ¿Tiene escrita una definición de su misión personal, la cual revisa y rescribe cuando lo considera necesario?

Sí ( )   No ( )

- ¿Tiene claramente identificados los roles que desempeña en su vida y la distinta jerarquía de ellos?

Sí ( )   No ( )

- ¿Identifica y escribe sus objetivos a largo y mediano plazo para los varios roles que desempeña?

Sí ( )   No ( )

Si en sus respuestas hubo al menos un "no", querrá mejorar el dominio de la práctica "Fijar Objetivos y Centrarse en Ellos". Use los siguientes espacios para escribir sus aprendizajes y sus compromisos de acción.

¿Qué aprendí, de que me di cuenta?_____

_____

_____

_____

Mis propósitos.

¿Qué voy a hacer?

_____

_____

_____

_____

¿Cuándo?

_____

_____

_____

_____

_____

¿Alguien de mi entorno será afectado o involucrado?
¿Quién?

_____

_____

_____

95

_____

_____

¿Necesito algún recurso para ejercitar este hábito? ¿Cuál?

_____

_____

_____

_____

_____

_____

_____

3. Escriba Listas... y Evalúelas.

Mientras conducía lentamente su Corolla iEX en la gran congestión de tránsito de los viernes en la tarde, Rosario Sánchez hacia mentalmente un recuento de

cosas pendientes y trataba de organizar su mente, para tener tranquilidad el fin de semana. Recordaba que debía terminar y entregar el proyecto de presupuesto de su departamento y también la evaluación de personal, ambos atrasados. También recordaba que el gerente del cliente "Súper-Mágnum" le había pedido que ayudara a su hijo con unos datos que necesitaba para un trabajo de la Universidad. En eso pasó frente a una valla que anunciaba las últimas presentaciones de la película que había ganado varios Oscares y que todavía no había podido ver... y quizás tendría que conformarse con que se la contaran. Cuando llegó al semáforo le vino a la mente la idea de comprarle un computado avanzado a los hijos para que pasaran más tiempo en la casa y mejoraran en los estudios, pero: ¿qué tipo de computador? ¿Qué marca? ¿Cuánto costaban? Pensando en el computador recordó que debería reunirse con la gente de la Gerencia de Sistemas para revisar unos programas importantes que no funcionaban bien. Al rato le llamó por el celular el cobrador de la Inmobiliaria para refrescarle que ayer se venció el mes de alquiler del apartamento y que sería bueno que mantuviera su buen "record" de pago. Después de cerrar el teléfono recordó que también debería pagar la cuota del Corolla y se aterrorizó al pensar en las largas "filas" del Banco Regional, donde tenía el crédito del vehículo. Pensó: bueno, el lunes veremos como resolvemos eso. Cuando la luz cambió a verde, y sintió los cornetazos de los autos de atrás, arrancó rápidamente y se desplazó fluidamente hasta la próxima "tranca". Allí un vendedor de helados le ofreció una barquilla de mantecado con chocolate y nueces; abrió el vidrio para comprarla... pero recordó que debería rebajar 15 Kg. por indicación médica y no había hecho nada en meses. Cerró el vidrio y se dijo que tenía que hacer algo para rebajar de peso.

Finalmente llegó a su edificio y al entrar vio el montón de basura acumulada que el aseo domiciliario no había recogido y por eso recordó que debía arreglar el archivo de la oficina que tenía tres semanas sin atender. Con angustia y tensión, Rosario bajo del Corolla y se dijo que el lunes temprano arreglaría ese archivo ¡pase lo que pase!, y además se ocuparía de todos los otros asuntos pendientes.

¿Estará Rosario mentalmente tranquila durante el fin de semana?

¿Qué recordará Rosario el lunes sobre lo que tiene pendiente para la semana?

Una de las recomendaciones fundamentales y más generalizadas en el campo de la administración del tiempo, y señalada por casi todos los autores de la materia, es la elaboración de listas de actividades o de cosas por hacer. Pero hay que diferenciar claramente "hacer listas" de "fijar recordatorios" en la agenda electrónica o el teléfono "inteligente" . Esto último nos sirve para recordar cosas que tenemos que hacer y ¡¡¡ que deben estar escritas en una lista...!!!

La utilidad de las listas para ordenar la acción en un día o de una semana es incuestionable y constituye uno de los elementos más sencillos y efectivos en cualquier programa de eficacia personal. Pero escribir listas sólo por hacerlas, sin aclararse en las cuestiones previas y esenciales, no produce todos los beneficios que pueden aportar.

Para hacer listas poderosas es necesario basarlas en los cimientos del plan de vida. No se trata de escribir una lista de compras en el supermercado; estamos hablando de una enumeración de objetivos, metas o actividades que deseamos cumplir en un determinado tiempo y que son "hijas" de nuestra misión personal.

---

*Un sistema personal de planificación puede comprender, los siguientes niveles de listas, las cuales forman la **"cascada de listas"**:*

- *Lista de objetivos (largo alcance)*
- *Lista de metas (mensuales o semanales)*
- *Lista de actividades (diarias)*

La Cascada de Listas

MISIÓN PERSONAL

Lista de Objetivos
(Largo alcance)
X_____ ☐
X_____ ☐
X_____ ☐

Lista de Metas
(Mensual o Semanal)
X_____ ☐
X_____ ☐
X_____ ☐

Lista de Actividades
(Diaria)
X_____ ☐
X_____ ☐
X_____ ☐
X_____ ☐
X_____ ☐
X_____ ☐

Este concepto de planificación por niveles es esencial para convertir en realidad y en logros tangibles las intenciones, deseos y sueños formulados a nivel de misión y objetivos.

Los objetivos sin acción son simplemente deseos y sueños.

Para convertirlos en resultados se requiere avanzar cada día y cada semana. Las listas son el instrumento que permite transformar la intención y el deseo en acción, y la acción en resultados.

---

a. **La Lista de Objetivos; Pensamiento de Largo Alcance.**

Las listas de objetivos de largo alcance se hacen para períodos largos. Esta lista de objetivos se derivará de los roles de nuestra vida. Como ya se desarrolló en el Hábito Nº 2, la vida tiene múltiples dimensiones las cuales deben integrarse armónica y sinérgicamente, y éstas originan los roles o papeles que tenemos.

Una buena lista de objetivos debe ser **completa e integrada. Completa** por contener objetivos de todas los roles que identificamos en nuestra vida.

Integrada en cuanto los objetivos no sean conflictivos, excluyentes o contradictorios entre sí, sino complementarios, reforzándose unos a otros. Una pista de buena integración de una lista es el número de objetivos que contenga. Mientras más objetivos aparezcan mayor es la probabilidad de conflicto entre ellos. Mientras menos objetivos aparezcan: mejor; significa que se han identificado aspiraciones globales, integradoras de varias dimensiones vitales y de sus varios roles asociado. De esta manera, hipotéticamente, la lista perfecta de objetivos sería aquella con solo uno. Si logramos este maravilloso nivel de concreción de aspiraciones en un sólo enunciado, significa que allí están consideradas todas las múltiples dimensiones del vivir.

Las listas de objetivos deben ser revisadas y reformuladas periódicamente. El lapso para hacerlo no puede establecerse de manera rígida, pero ha de ser un lapso importante, quizás meses o un año. La revisión es esencial por cuanto los cambios producidos en nuestro entorno social, económico, tecnológico o familiar muy posiblemente impacten los objetivos, tanto en su definición o enunciado como en su factibilidad. Igualmente los cambios que nosotros experimentamos, y los cuales a veces no percibimos en el momento sino al cabo deun cierto tiempo, también pueden modificar la lista. Un objetivo que lucía muy importante en un momento dado puede parecer insignificante al cabo de un año. Quizás fue formulado al calor de un entusiasmo pasajero que al enfriarse hizo perder entidad al objetivo. Igualmente, después de varios meses podemos percibir que un objetivo de carrera con el cual estuvimos muy comprometidos, hace conflicto y deteriora la calidad de la vida familiar y afecta a los objetivos de esa dimensión. Entonces nos puede convenir revisarlo, redefinirlo, evaluarlo a la luz de la indispensable complementación sinérgica que debe existir entre los objetivos

b. ¿Puede Ud. Comerse una Vaca?

Su primera reacción a esta inesperada pregunta fue un claro **no**, pero al pensarlo más detenidamente se dará cuenta que a lo largo de su vida quizás más de una vaca se haya comido sumando los innumerables almuerzos o cenas elaborados con carne vacuna. La moraleja es que "a pedacitos" podemos "comernos" aquello que inicialmente parecía un desafío muy superior a nuestras capacidades. La descomposición de los grandes objetivos en metas es como fraccionar en "bistecs" la inmensa vaca.

Las metas son las etapas o logros parciales que integran el camino hacia el objetivo. Por su naturaleza la definición o enunciado de las metas suele ser más concreto y específico que el de los objetivos.

Un objetivo, asociado a la dimensión económica, y al rol profesional puede ser, por ejemplo, "obtener la independencia económica de la familia", el cual a su vez se integra con la dimensión "familia".

Para alcanzar ese objetivo, partiendo de la situación de un joven profesional, a quien llamaremos Vicente, y que se inicia como empleado en una empresa, puede requerirse varios años. Pero ese objetivo a pesar de ser legitimo y suficientemente importante puede quedar como una simple aspiración. Es necesario descomponerlo en varias metas intermedias y acotarlo en el tiempo. Si no se hace así, alcanzar esa "independencia económica" se convertirá en un estado al que no se sabe cuando llegar, ni tampoco se sabe cuan cerca o lejos estamos de él. Indicar una fecha, un año, como momento en el cual quiere alcanzarse el objetivo y cada una de las metas asociadas, le da un sentido mucho más retador y estimulante, pues con cada día transcurrido se siente la mayor proximidad de la fecha objetivo y esto es un recordatorio, un estímulo, un impulso para hacer las cosas o para realizar las actividades que en ese momento sean las adecuadas para avanzar.

Regresando al caso de Vicente, nuestro joven profesional, quien juiciosamente se establece el objetivo de la solvencia económica familiar, debería fijarse un horizonte temporal a esa aspiración; digamos cuatro años. Luego, es necesario establecer cuales logros parciales deben obtenerse en el camino hacia su objetivo; éstas son las metas.

Supongamos que Vicente escoge, por preferencias profesionales, lograr su objetivo económico a través de un negocio propio de comercio electrónico, cuyas grandes metas y lapsos constituirían el siguiente Plan Maestro:

Plan Maestro (caso Vicente)

Objetivo: Independencia económica en 4 años a través de un comercio electrónico.

¡ran Meta 1	Estudio y familiarización con el comercio electrónico:	½ año
Gran Meta2	Obtención de XXX $ para iniciar el negocio:	1 año
Gran Meta 3	Diseño, montaje del negocio y arranque:	½ año
Gran Meta 4	Operación y consolidación:	2 años
	Total:	4 años

Ahora bien, Vicente debe comenzar a fraccionar con su "Gran Meta 1", que ha estimado le tomará 6 meses. Debe descomponerla en un Plan Detallado, es decir un conjunto de metas que mensualmente pueda ir alcanzando hasta completar los estudios y la familiarización con el comercio electrónico. Imaginariamente estos pudieran ser las siguientes:

Plan Detallado de la Gran Meta 1.

Meta 1.1 – Completar un curso de comercio electrónico: primer mes.

Meta 1.2 – Ser aceptado en la Cámara de Comercio Electrónico (CCE): primer mes.

Meta 1.3 – Identificar y familiarizarse con cinco "Web-sites" de promoción del comercio electrónico: primer mes.

Meta 1.4 – Completar un estudio de la oferta electrónica actual: segundo y tercer mes.

Meta 1.5 – Seleccionar el producto o servicio a ofrecer: cuarto mes.

Meta 1.6 – Completar un estudio económico del negocio: quinto y sexto mes.

Cuando comience el primer mes, Vicente deberá desmenuzar las metas 1.1, 1.2 y 1.3 en actividades, para programarlas semanal y diariamente y así poder realizarlas.

El proceso descrito puede llevarse haciendo listas fraccionadas de metas y actividades como las ya señaladas. Otra manera, más formal y más visual es utilizar diagramas de barras horizontales, diagramas de Gantt, o los llamados "cronogramas" para organizar las actividades y poder consultar cómodamente esta información. Como ejemplo se incluye a continuación el plan detallado de Meta 1.

Plan Detallado. Gráfico de Barras.

Gran Meta 1: Estudio y familiarización con el comercio electrónico

Metas	Mes 1	Mes 2	Mes 3	Mes 4	Mes 5	Mes 6
1.1. Completar curso	■					
1.2. Ser aceptado en CCE	■					
1.3. Estudiar 5 sitios de promoc.	■					
1.4. Estudio de la oferta actual		■	■			
1.5. Seleccionar el producto				■		
1.6. Completar el estudio económico					■	■

Este ejemplo permite precisar el concepto de metas y su utilización en la definición del camino hacia un objetivo. Muy importante es resaltar la necesidad de adquirir y **desarrollar el pensamiento de largo plazo**. El tiempo de cuatro años imaginariamente establecido en el ejemplo, puede resultar largo, pero lo básico en un proceso de planificación de vida es internalizar el hecho de que los objetivos importantes, los grandes logros, los éxitos significativos, rara vez se obtienen de hoy para mañana. Recordemos la "ley", desarrollada en el Capítulo II donde establece **"Todo éxito requiere esfuerzo"**. La perseverancia, la constancia, son virtudes humanas que se desarrollan y se templan cuando se tienen objetivos en la vida y cuando cada día recordamos esos objetivos, los revisamos, los ajustamos, los dimensionamos, y los seguimos considerando valiosos para justificar nuestro esfuerzo.

> *"La constancia no está en empezar, sino en perseverar"*
>
> *Leonardo Da Vinci*

c. La Lista Mensual de Metas.

Mensualmente debe escribirse la lista de metas o de los escalones que debemos subir en la vía hacia objetivos mayores. La perspectiva de varias semanas es bien útil en el proceso de buscar la eficacia. Es necesario acostumbrase ver hacia un horizonte más amplio que el hoy o el mañana para ubicar en perspectiva las actividades necesarias para alcanzar las metas mensuales. **Es decir desarrollar el pensamiento de largo alcance.**

Otra idea muy importante es la **forma cómo se redactarán las metas, para diferenciarlas claramente de las actividades.** Así por ejemplo en el caso de Vicente, la meta "Completar un Curso de Comercio Electrónico" está redactada como un logro, como un resultado de varias actividades, es decir una meta. Así, cuando Vicente haga su lista de metas incluirá esa redacción, pero cuando escriba la lista de actividades detallará; "buscar información sobre cursos", "seleccionar el curso mejor", "inscribirse", y así sucesivamente.

Una idea clave y de indispensable aplicación es **agrupar la lista mensual de metas por los roles** que cada quien haya identificado en su vida .Recuerde sus roles, y bajo cada uno de ellos escriba las metas que espera alcanzar en ese período.

Como ilustración del concepto de la lista de metas se presenta a continuación un ejemplo, donde se han identificado cinco roles. Aprovechamos para insistir en que cada quien debe definir estos roles según sus propias circunstancias, y pueden ser tres, cinco, seis. Cualquier número según la amplitud de sus actividades.

Ejemplo de Lista Mensual de Metas por Roles
Mes de octubre 20xx

Rol Personal	Rol Familiar
- *Rebajar 2 Kg.: Gimnasio, 3 días semanales.*	- *Lograr bajar la ansiedad de Luisa por su proyecto A.*
- *Definir plan viaje de vacaciones*	
- *Resolver problema odontológico*	- *Motivar a Luisito con la escuela; lograr que mejore rendimiento.*
- *Terminar lectura libro XX*	-*Estar más pendiente de la escuela*
- *Revisar y reescribir objetivos anuales*	- *Revisar póliza HCM*
- *Actualizarme en WW: asistir a la conferencia profesional del mes.*	- *Encontrar forma de compartir planes con la familia*

113

Rol Trabajo (Económico)	Rol Social
- Terminar y presentar plan de ventas mensual	- Mejorar relaciones con vecinos
- Terminar entrevistas de selección	- Apoyar BL en su problema
-Visitar a sucursales M y N	
- Terminar proyecto ACT	**Rol Comunitario**
- Captar 4 nuevos clientes	- Mostar más interés en el condominio del edificio
-Cerrar contrato con Aisc Ca.	
- Cerrar contrato con GDO & CO	- Eliminar mis hábitos de impaciencia en el tránsito en la ciudad
-Presentar los informes al Ministerio de ZZZ	
- Evaluar colocaciones bancarias	

Como verá, para hacer este tipo de lista se requiere dedicar unos importantes momentos a la reflexión sobre nuestros roles y objetivos, para luego obtener la lista de metas. Estos minutos de reflexión son un poderosísimo impulso hacia la eficacia, hacia mayor control de la vida, hacia la paz interior, hacia una mayor calidad de vida. **Son minutos de tiempo bueno.**

d. Las Listas de Actividades: Semanal y Diaria

El siguiente nivel de la "Cascada de Listas" son las listas de actividades, que a diferencia de las metas, se refieren a cosas por hacer, tareas a cumplir, pasos concretos a dar.

La meta señala dónde queremos llegar, como un punto intermedio hacia un objetivo. Tiene establecido un tiempo o fecha de culminación. Una vez definidas las metas lo siguiente es responderse la pregunta **¿qué debo hacer para llegar a esa meta?** La respuesta es un conjunto concreto y específico de actividades, pasos, tareas, que deben cumplirse y además con una secuencia, un orden lógico de ejecución. Así llegamos a una **lista de actividades**, cuyo alcance puede variar; una semana o un día, pero la lista **indispensable** es la que se hace para cada día. Será un instrumento poderoso para controlar buena parte de ese día y nos acercará progresivamente a nuestras metas y objetivos.

La **lista semanal de actividades** se deriva de la lista de metas mensual y debe organizarse por roles.

Esta lista nos permite tener la visión de la semana que está por comenzar y organizar las actividades que tendremos que realizar para alcanzar las metas y lograr avanzar en nuestros objetivos.

Las **listas diarias de actividades** son el siguiente escalón, y naturalmente se derivan de la lista semanal. Hacer listas diarias no puede ser tomado de una manera trivial, y si se elaboran con cuidado serán una ayuda muy potente para avanzar hacia los objetivos vitales y hacia el cumplimiento de la misión; hacia una mayor calidad de vida.

Antes de comenzar a hacer listas diarias existen varias preguntas fundamentales que debemos responder:

e. Siete Preguntas sobre las Listas.

Primera Pregunta

¿Cuáles actividades debo incluir en la lista diaria?

Vamos a darle respuesta a esta interrogante clave con algunas sugerencias para clarificar que se debe incluir en una lista diaria.

- **Incluir lo derivado de nuestras listas mayores (semanal o mensual)**

  Debe recordarse la idea de la **"Cascada de Listas"**. Por eso la lista diaria debe ser "hija" o consecuencia de unas listas mayores: la semanal y la mensual. Estas listas mayores se irán vaciando en las listas diarias. Entonces, al comenzar a elaborar la lista del día, lo primero será anotar aquellas actividades que aparecen en las listas mayores. Estas serán las tareas más importantes del día por que claramente ya han sido identificadas como avances hacia metas mayores.

- **Incluir lo más importante proveniente de las listas de "los otros".**

  Además de las tareas provenientes de nuestra **Cascada de Listas** habrá un cierto número de actividades provenientes de las listas de "los otros". Esos "otros" pueden ser su jefe, sus clientes, sus empleados, el gobierno local, su familia, en general todo el universo laboral y social dentro del cual actuamos. Este conjunto de tareas puede ser significativamente mayor que el nuestro y además proviene de personas que de alguna manera, sutil o frontal, presionarán para que hagamos esas tareas, pues para ellos son necesarias e importantes. Así que es básico identificar esas actividades de "los otros" que nos corresponde hacer y que no debemos o podemos eludir e incluirlas en la lista, antes, antes, antes de que esos "otros" nos las recuerden o exijan. Pero debe tomar en cuenta la siguiente recomendación.

- **¿Cómo Balancear lo "nuestro" con lo de "otros"?**

El balance de la planificación del día constituye uno de los puntos claves para el éxito de cualquier programa de eficacia personal. Balancear las actividades de **"nuestro"** programa con las de los **"otros"** es una decisión que exige clara compresión de las leyes de la buena administración del tiempo.

¿Qué hacer? ¿Programar únicamente nuestras actividades? ¿Darle preferencia a las actividades que otras personas me han pedido y exigido y que durante el día vendrán o llamarán a preguntar por ellas? La respuesta está en las "leyes" fundamentales. Vivimos en una necesaria relación de interdependencia; necesitamos de los otros y ellos necesitan de nosotros, ameritan nuestra consideración y respeto, pero nosotros debemos valorar el tiempo con el que contamos y si queremos darle contenido y dirección a nuestra vida debemos fijarnos objetivos y caminar sin cesar hacia ellos.

Estas y otras consideraciones nos deben llevar a encontrar el "mix", el balance apropiado e inteligente entre las exigencias externas y las internas para elaborar la lista de actividades balanceada. Generalmente debemos comenzar a escribir aquellas de exigencia interna y luego escoger, entre las muchas o pocas externas, las de mayor importancia por su impacto en el conjunto. De esta manera podremos confeccionar una lista balanceada y armónica de las actividades que esperamos realizar durante el día.

- **Dejar espacio para imprevistos**

  Una consideración de altísima importancia es tener muy claro que durante el día se presentarán imprevistos, nuevas actividades no programadas, retraso en la terminación de otras, imposibilidad de iniciar algunas, pequeñas o grandes "crisis". En general debe tenerse presente que éstos imprevistos serán mayores mientras mayor interrelación tengamos con otros. Por lo tanto y en armonía con la ley de que **"no todo es controlable"** debemos estar preparados para navegar dentro de un día lleno de alteraciones y cambios; pero si tenemos claro dónde está el Norte y navegamos en esa dirección podremos lograr un apreciable avance. Por eso es muy prudente al hacer una lista diaria dejar alguna holgura para manejar la incertidumbre.

Si no reconocemos esta realidad y hacemos listas muy ajustadas, muy exigentes, terminaremos el día con una sensación de agotamiento y frustración. Habremos trabajado mucho en actividades fuera de la lista y habremos avanzado poco en nuestra lista. Esa sensación puede llevarnos a la equivocada conclusión de que "las listas no sirven".

En resumen: ¿qué actividades debo incluir en la lista del día?

La respuesta está en el siguiente resumen:

Primero: iniciar la lista con actividades provenientes de la "cascada", es decir la semanal o mensual.

Segundo: continuar la lista con actividades importantes que debemos realizar por requerimiento de "otros"

Tercero: no sobrecargar la lista, dejar suficiente holgura para los imprevistos, las demoras y las "urgencias" que puedan presentarse y deban atenderse.

Segunda pregunta

¿Cómo debo organizar o priorizar los elementos de las listas de objetivos, metas y actividades?

Es necesario tener un sistema, sencillo y efectivo, para ordenar y jerarquizar las actividades, metas u objetivos planeadas en una lista. Este sistema puede ser de dos tipos:

- **basado en orden de realización o secuencia**
- **basado en importancia**

- **El primer sistema** consiste en ordenar las actividades en la secuencia con la cual se realizarían; por lo tanto es muy sencillo y su simbología es simplemente numérica: 1,2,3...

Cada quien debe evaluar la viabilidad de este sistema para el tipo de actividades que realiza. ¿Cuál es la probabilidad real de poder ejecutar todas las actividades en el orden previsto? Será posible si se dispone de un control total del día; no habrá interrupciones, visitas ni llamadas inesperadas; además se dispondrá de todos los recursos necesarios para iniciar y completar las actividades de la lista en la secuencia deseada. Si se trata del día de un gerente, un dueño de un negocio comercial o inclusive de un ama de casa, la probabilidad del control total del día es incierta y será más incierta mientras más interrelaciones existan en virtud del rol que se desempeña. Pero, si consideramos el caso de un investigador académico que va a realizar una búsqueda de información en una bien nutrida biblioteca, donde podrá trabajar sin interrupciones y dispondrá de condiciones óptimas para su propósito, la probabilidad de poder desarrollar la lista en el orden previsto será muy alta. En casos donde se puedan controlar todos los factores incidentes sobre nuestro tiempo y además se tengan los recursos necesarios (información, recursos físicos, etc.), entonces será viable usar un sistema de priorización basado en el orden de realización o secuencia, es decir: 1, 2, 3...¿Cuál es su caso?

– **El sistema basado en importancia** consiste en asignarle distintos niveles a las actividades previstas para el día. Con el uso de letras se les da diferente peso a las actividades. Se sugiere emplear sólo tres niveles:

A. Alta importancia

B. Mediana importancia

C. Baja importancia

Tenga claramente definido, internalizado y conscientizado el **concepto de importancia**. Una actividad será de gran importancia cuando su realización nos acerca significativamente a una meta o un objetivo, y cuando su **no ejecución** nos aleja de ella. El impacto de la actividad a realizar sobre la meta deseada será una buena medida de su importancia.

Esta propuesta **ABC** va a servir para trabajar concentrándose principalmente con las actividades de alta y mediana importancia, es decir sólo las A y las B. Las de poca importancia (las C) no deberán ocupar nuestra atención mientras aun estén pendientes otras actividades A y B (tenga presente que pueden existir varias A y varias B en su lista). La letra C se empleará para actividades que estarán en la lista para ejecutarlas **solamente si no es posible ni**

siquiera iniciar las A o las B, o para la excepcional circunstancia de agotar completamente los dos primeros niveles y todavía tener tiempo disponible. En estos casos bien pueden atenderse las C.

En otras palabras **nunca comience el día trabajando en una actividad C**, ni tampoco (en cualquier momento del día) inicie una C si aún hay actividades A y B pendientes en conclusión.

Cuanto se ha señalado, y de aquí en adelante se indicará para jerarquizar las actividades, es también válido para jerarquizar las listas de objetivos y de metas. Aun cuando siempre se haga referencia a las actividades, tenga presente que en general estas ideas pueden también emplearse en las listas mayores: objetivos y metas.

¿Cómo diferenciar varias A y varias B?

Es seguro que en su lista aparecerán varias actividades de igual importancia relativa.

Existirán varias A, varias B y casi siempre   más de una C.

La manera sencilla de establecer una diferencia entre   letras iguales será usar un subíndice numérico que jerarquice las A en orden de **importancia relativa.**   Así se tendrá A_1, A_2, A_3......B_1, B_2, B_3.........C_1, C_2, C_3......según la importancia   relativa entre ellas o según la prioridad con la cual deben atacarse.

Para establecer la prioridad de ataque entre varias A o varias B se establecen estos criterios básicos:

- **Importancia relativa o impacto**
- **Naturaleza de laactividad:**
  -Actividad a iniciar

-Actividad a continuar

-Actividada terminar o rematar

  -Actividad a delegar

Con estos criterios tendremos una mejor orientación para la asignación del 1, del 2 y así sucesivamente. Por ejemplo una actividad A que debe iniciarse para que otros la continúen debe tener una alta prioridad, quizás 1. Una actividad que está ya iniciada y que requiere rematarse también es de alta prioridad, pues hay que terminarla para que se realicen otras tareas.

La Importancia es muy diferente de la urgencia

El sistema de jerarquizar en base a importancia puede llevarse a un nivel de mayor sofisticación si agregamos el concepto de urgencia. Por **urgencia** entendemos la necesidad de atender un asunto o actividad en muy breve tiempo, pues de no hacerlo pueden originarse consecuencias indeseables, molestias, daños, costos y otras derivaciones inconvenientes. La urgencia implica premura, inmediatez, velocidad en la atención; son asuntos que no pueden esperar. **Las falsas urgencias** son requerimientos de otros a los cuales se les da esa connotación para lograr que se hagan de inmediato y así compensar un olvido, una falla o satisfacer un capricho. **Usted debe poder diferenciar la urgencia de la falsa urgencia.**

Como se ve, la **urgencia es diferente de la importancia**, las consecuencias negativas de las urgencias no atendidas suelen ser a corto plazo, casi inmediatas. Por su parte **las consecuencias negativas de las actividades importantes no atendidas pueden ser mucho mayores, de grandísimo impacto, pero se manifiestan a mediano y largo plazo y de forma progresiva, por lo cual no se perciben** y por eso muchas veces errónea y peligrosamente se van difiriendo.

Con este concepto claro podríamos complementar el sistema de importancia con una segunda letra para indicar el grado de urgencia de esa actividad; tal como se indica de seguidas:

A: Alta urgencia, grandes problemas si no se atiende

B: Mediana urgencia, algún problema potencial

C: Baja urgencia, escaso potencial de problemas

Usando esta segunda letra se tendrá una doble notación bastante explícita sobre el peso de las actividades de la lista. Así por ejemplo, pueden darse estas y otras combinaciones:

AA: Alta importancia y alta urgencia

AB: Alta importancia y mediana urgencia

AC: Alta importancia y baja urgencia

BA: Mediana importancia y alta urgencia

BB: Mediana importancia y mediana urgencia

BC: Mediana importancia y baja urgencia

CA: Baja importancia y alta urgencia

CC: Baja importancia y baja urgencia

Este sistema de doble notación puede tener las variaciones que cada quien considere más ajustado a su estilo de trabajo. Por ejemplo, la segunda notación pudiera ser: AA1, AA2,... AB1, BC2,... y así sucesivamente.

Sin embargo en la mayoría de las situaciones la doble notación de urgencia puede no ser necesaria y bastaría agregar implícitamente el criterio de la urgencia a la jerarquización por importancia desarrollado antes.

Tercera pregunta.

¿En qué momento del día debo escribir la lista?

Lo mejor es elaborarla al finalizar el día anterior. De esta manera se "cierra" el día con la sensación de saber como será el mañana y con cierto grado de control anticipado sobre esas actividades. Además, al comenzar una nueva jornada ya tenemos a mano una orientación de cómo invertir el tiempo y no perderemos algunos momentos preciosos en el titubeo inicial de la mañana. La lista que se haga al final del día anterior se revisará en la mañana siguiente y en ese momento se puede agregar, quitar actividades o modificar la notación de prioridades para su ejecución.

Cuarta pregunta

¿Dónde debo escribir las listas?

La respuesta se concreta en la recomendación de usar una agenda adecuada a su tipo de trabajo, a su movilidad y a su gusto. Puede ser una agenda convencional en papel, puede ser electrónica o bien el propio computador. Procure que sea algo sencillo y portátil, pero nunca, nunca, nunca, jamás, haga listas en "papelitos" sueltos que fácilmente puedan extraviarse y que no sean posibles de guardar para posterior uso.

Una recomendación final, **nunca lleve listas dobles, o doble agenda**, por ejemplo: una para actividades de los roles personales y otra para los profesionales o laborales. Puede originar confusión, complicación y omisión de actividades. Lo más conveniente es manejar una sola agenda y separar en ella las "sub - listas" necesarias.

Quinta pregunta

¿Cómo es una lista diaria?

Como ilustración de una lista diaria a continuación se incluye un caso con diferenciación de roles y con actividades con hora y otras sin hora.

Ejemplo de la lista diaria. 30/04/xx

Citas o eventos con hora.(todos los roles)	Actividades priorizadas, sin hora. Rol trabajo
7 a.m. gimnasio 8 a.m. 9a.m.reunión supervisores , proyecto ACT 10 a.m. 11 a.m. 12 m. 1 p.m. 2 p.m. Comité 3 p.m. visitantes filial 4 p.m. 5 p.m. 6 p.m. 7 p.m. 8 p.m. cena con los F.A. 9 p.m.	A1 Reunión con supervisores, proyecto ACT A5 Conseguir cita con GDO & CO, llamar B2 Preparar minuta de reunión comité SOL A4 Reservar pasajes y hotel viaje capital A3 Seguimiento a Roberto en pyto. 3 A6 Revisar correo electrónico A2 Seguimiento propuestas nuevos clientes B1 Recibir visitantes de la filial B3 Comité
	Actividades de otros roles A1 Pago póliza HCM A6 Revisar impuestos del año. A2 Gimnasio A3 Regalo para Luisito A4 Reservar entradas concierto sábado A5 Hacer cita con odontólogo

En esta lista se pueden notar los siguientes aspectos muy interesantes:

- **El día se separa en dos columnas: citas, eventos o actividades con hora establecida y actividades priorizadas sin hora.** La parte con hora naturalmente agrupa aquellos eventos o actividades que generalmente requieren la participación de "otros" y por tanto se programan de acuerdo a su disponibilidad.

- **También se separan las actividades del rol "trabajo" de las correspondientes a otros roles (familiar, personal, etc.),** para no olvidar que en el día no sólo debemos avanzar en lo económico, sino también en las otras dimensiones vitales. Este sistema permite manejar en una sola lista los asuntos de los varios roles.

- **Se usa una notación por importancia,** en toda la lista de actividades.

Sexta Pregunta.

¿Cómo "atacar" una lista de actividades?

Para la mayoría de las personas existe muy poca variación en su energía a lo largo de las horas hábiles del día. Sin embargo, hay otras cuyo ciclo diario de energía tiene notables variaciones, originadas por hábitos, o bien de naturaleza fisiológica. Lo importante es que cada quien debe observar las horas cuando se siente más alerta, más enérgico, más productivo y en cuáles horas no es así. Esto lleva a usar las horas de mayor energía en las actividades más complejas, más exigentes, más creativas. Correspondientemente, es razonable reservar para las horas de menor energía las actividades rutinarias, sencillas y de "papeleo".

Otra situación relacionada con las horas del día es el ritmo propio de su trabajo, negocio o actividad. Cada empresa, cada negocio y por extensión cada familia, tiene un ritmo característico en su nivel de actividad durante el día. Algunos negocios tienen una actividad frenética, de altísimo ritmo en las primeras horas de la mañana, pero luego disminuyen en intensidad durante varias horas y luego vuelven a tener otro "pico" de alta intensidad al final de la tarde. Tal es el caso de las universidades y muchas empresas manufactureras. Otros negocios pueden arrancar el día muy suavemente, con poca actividad para irse calentando durante la mañana y alcanzar un "pico" cerca del mediodía, el cual se mantiene en la primera parte de la tarde. Es la situación de las firmas consultoras, oficinas de abogados, de médicos y muchos negocios comerciales. Así pueden encontrarse y describirse distintos ciclos de actividad según la naturaleza del negocio o empresa.

La relación fundamental de estas consideraciones con el ataque o abordaje a una lista de actividades consiste en tratar de ejecutar nuestro día siguiendo tanto nuestro ritmo como el ritmo del negocio. Lo apropiado es reservar las actividades importantes, difíciles, creativas, para los momentos "bajos" del día, durante los cuales se presentan menos urgencias y problemas que atender. Igualmente, dejando las tareas rutinarias, las menos exigentes, para las horas "altas" o las cercanas a ellas, pues son tareas sencillas que pueden manejarse aún en medio de frecuentes interrupciones. La realización de reuniones, juntas o comités es conveniente programarlas para las horas "bajas" para evitar muchas interrupciones. Igualmente las entrevistas importantes, las llamadas telefónicas claves deben ubicarse en ese sector del día.

La idea de aprovechar las mejores horas del día consiste en programar y ejecutar las actividades sobre las cuales tenemos control de acuerdo al ritmo de nuestra energía personal y según el ciclo de actividad diaria de nuestro entorno laboral o familiar.

Séptima pregunta

¿Realmente son útiles las listas?

Nadie debe confiar en las "listas mentales". La memoria nos da desagradables sorpresas con mucha frecuencia y además la memoria tiende a "olvidar" los asuntos difíciles y desagradables (los cuales muchas veces son los de mayor importancia) y engañosamente sólo recuerda los más fáciles y "agradables", los cuales a lo mejor son los menos importantes.

El hábito de escribir planes y listas es primordial, básico, esencial y fundamental, en un programa de administración del tiempo y de eficacia personal. Una vez adquirido este hábito se transforma en un poderoso motor para aumentar nuestro **tiempo bueno**.

> *Hacer listas de objetivos, metas y actividades; jerarquizarlas debidamente con cualquier notación sencilla y útil; usar las listas para ir administrando nuestro esfuerzo, es una práctica que ayuda extraordinariamente en el logro de nuestros objetivos y en la obtención de **tiempo bueno.***

f. El Momento de Aprender: Evaluación de la Lista.

El hábito de hacer planes y listas se completa con el proceso de evaluación absolutamente necesario para darle más sentido y mayor utilidad a las listas. La evaluación nos hará reflexionar  sobre la eficacia de nuestro esfuerzo, no solamente para estimularnos si logramos mucho o entristecernos si fue poco, sino para saber el **por qué**. Se trata de revisar la semana o el día y preguntamos **por qué** logramos ciertas actividades, **por qué** no completamos otras y **por qué** hicimos cosas que no estaban en la lista y que exigieron buena parte de nuestro tiempo.

No es bueno comenzar la lista de la semana siguiente o el próximo día sin hacer esta reflexión. Corremos el grave riesgo de seguir anotando actividades que no se completarán, o de subestimar el potencial de los "imprevistos" y lo que es peor, no darnos cuenta del **por qué** logramos ciertas metas y actividades y así poder encontrar las "claves" de nuestra eficacia personal para utilizarlas con más frecuencia.

Se trata de un proceso de aprendizaje muy enriquecedor que cada semana o cada día nos enfrentará a la confrontación de nuestras listas con la realidad de lo obtenido. Si esa comparación inicialmente resulta negativa por cuanto el balance de lo ejecutado contra lo planeado es muy pobre, no debemos tomar el camino del escape diciendo que "las listas no sirven". Lo que no sirve es quizás nuestra evaluación de la complejidad de nuestro entorno, o los hábitos que dominan nuestras acciones, o la falta de ejercicio sistemático de las mejores prácticas de eficacia.

Para organizar la evaluación de las listas pueden diseñar muchos sistemas, algunos de ellos muy complicados. Nuestra sugerencia es sencilla pero muy poderosa; consiste en cuatro preguntas:

- **¿Qué metas logré o actividades hice?**
- **¿Por qué las logré? ¿Qué hice para logarlo?**
- **¿Qué metas o actividades no logré o no hice?**
- **¿Por qué no las logré? ¿Qué hice o no hice, o qué ocurrió para no lograrlas?**

Responder las cuatro preguntas sólo tomará unos minutos y puede hacerse en nuestra agenda al final del día o la semana Naturalmente, las preguntas más reveladoras son las que comienzan con el ¿por qué? **Sus respuestas sinceras permitirán un extraordinario conocimiento de si mismo y algo clave de su realidad circundante.** Con ese conocimiento, el cual se incrementará

142

progresivamente, estará en posesión de un tesoro para aumentar notablemente su eficacia personal y su tiempo bueno.

Eficacia en Síntesis

- Si anota lo que quiere lograr y lo que debe hacer, habrá dado un paso bien grande hacia la eficacia y hacia la ganancia de **tiempo bueno.**

- Separe sus listas en: objetivos de largo alcance, metas (mensual o semanal) y actividades diarias.

- Descomponga los objetivos en pequeños escalones; las metas.

- La lista diaria será su mecanismo de avance continuo hacia sus metas y objetivos.

- Comience el día con la lista de las actividades derivadas de su lista de metas. Después escriba las actividades importantes que **"otros"** esperan o le han requerido. Deje espacio en el día para los imprevistos y los requerimientos de su entorno social.

- Tenga un sistema de notación sencillo para priorizar sus listas.

- Al finalizar el día prepare la lista del siguiente. Luego, en la mañana siguiente complétela.

- Use una sola agenda que contenga todo su sistema de listas.

- Al final del día evalúe sus actividades. Al final de la semana evalúe sus metas. Pregúntese **por qué** logró o no logró ciertas metas y actividades. Aprenda de las respuestas.

Evaluación Personal

- ¿Practica el ejercicio mental de tener una visión anticipada de lo que desea alcanzar o de lo que tiene que hacer en el lapso de un año, un mes?

  Con frecuencia ( ) A veces ( ) Nunca, casi nunca ( )

- ¿Escribe listas semanales o diarias de metas a alcanzar o de actividades a realizar?

  Con frecuencia ( ) A veces ( ) Nunca, casi nunca ( )

- ¿Después de escribir las listas usa un sistema de jerarquización por importancia y no por secuencia?

  Con frecuencia ( ) A veces ( ) Nunca, casi nunca ( )

- ¿Evalúa cuidadosamente al final del día o de la semana lo alcanzado y no alcanzado de su lista y el porqué?

  Con frecuencia ( ) A veces ( ) Nunca, casi nunca ( )

Si en sus respuestas a estas preguntas incluyó un "Nunca, casi nunca" querrá mejorar el dominio de la práctica "Hacer listas... y Evaluarlas". Use los siguientes espacios para escribir sus aprendizajes y sus compromisos de acción.

¿Qué aprendí, de que me di cuenta?

_____

_____

_____

_____

Mis propósitos.

¿Qué voy a hacer?

_____

_____

_____

¿Cuándo?

_____

_____

_____

_____

¿Alguien de mi entorno será afectado o involucrado?
¿Quién?

_____

_____

_____

_____

¿Necesito algún recurso para ejercitar este hábito?
¿Cuál?

_____

_____

_____

_____

4. No Postergue

Ud. nunca "encontrará" tiempo para hacer algo. Si quiere tiempo tiene que "tomarlo".

Charles Buxton

Un mediodía cuando detuvo su vehículo ante un semáforo en rojo, Ramón observó que el conductor del vehículo que había quedado a su lado le hacía señas indicándole que un caucho trasero estaba "flojo" por falta de aire. Ramón agradeció con un gesto la gentil información y cuando la luz cambió a verde arrancó rápidamente hacia su próximo compromiso. A los pocos minutos ya había olvidado lo del caucho. Esa misma tarde, al salir de la oficina de un cliente, Ramón observó que efectivamente el caucho trasero estaba "flojo". Pensó que cuando fuera a una gasolinera llenaría con aire el caucho en cuestión. Así fue, en la gasolinera el empleado le suministró aire al caucho pero le sugirió revisarlo por si tuviera un escape, sólo tomaría 15 minutos. Ramón no acepto la sugerencia, estaba corto de tiempo y aún le faltaba un cliente por

visitar, así que salió rápidamente de la gasolinera a cumplir otros compromisos.

Al día siguiente Ramón tuvo también muchas visitas con su vehículo y al final de la tarde otra persona le señaló el caucho "flojo", con lo cual Ramón recordó el asunto, pero no quería perder tiempo reparándolo, por lo que se detuvo en la primera gasolinera que consiguió y nuevamente le puso aire al caucho, esta vez un poco más de lo requerido, para que le aguantara hasta que pudiera hacer la reparación.

Esa noche, ya en su casa, Ramón recibió una llamada importante desde la capital para cerrar un gran contrato a primera hora de la mañana. No habría problema, saldría antes de las 6 a.m. para llegar con un poquito de holgura a la importante cita. A las 5:45 a.m., Ramón bajó al estacionamiento ya listo para salir de viaje. Cuando llegó a su automóvil vio con horror que ¡el caucho trasero estaba completamente desinflado!!

El epílogo de la historia es que Ramón llegó con dos horas de retraso a su cita y perdió la oportunidad de cerrar un buen contrato.

Adquirir el **hábito de no postergar** lo que pueda hacerse de inmediato significará literalmente un salto de gigante hacia la eficacia personal y el mejor manejo del tiempo. De esto no hay duda, porque este hábito reemplazará a su antónimo: la postergación crónica, la permanente e inevitable costumbre de dejar "para después", "para mañana", "para cuando tenga tiempo".

El "dejar para después", con cualquiera de las mil excusas que uno pueden inventarse, es un hábito muy dañino; sus efectos son realmente catastróficos. . Los problemas postergados no se resuelven solos, al contrario muchos pueden agravarse y convertirse en grandes o pequeñas crisis, las cuales exigirán mayor atención. El no enfrentar un asunto en el momento puede significar verse "cara a cara" con una situación de crisis de la cual no siempre se puede salir airoso.

La postergación como sistema de vida, la postergación crónica, no genera ningún beneficio, no tiene ventajas, sólo tiene desventajas y perjuicios para quien no pueda liberarse de ella. **La postergación crónica no paga.**

La **postergación crónica** en el trabajo conduce a la inefectividad, al desprestigio y al estancamiento laboral.

La **postergación crónica** frente a los problemas, o a las situaciones difíciles o desagradables, es un camino seguro al conflicto, a las crisis y naturalmente al estrés.

La **postergación crónica** en las relaciones personales o familiares es también madre de desagrados, de pérdida de confianza y deterioro progresivo de esas relaciones.

Nadie progresa postergando, nadie logrará un éxito importante dejando todo para después. La postergación es una vía que sólo conduce al estancamiento, al desprestigio y finalmente a la angustia.

a. **¿Sabe por qué Postergamos?**

Si la postergación crónica es tan perjudicial, tan carente de beneficios, ¿por qué, en mayor o menor grado, muchas personas son prisioneras de este hábito negativo? Las causas que impulsen a cada quien hacia las conductas postergativas quizás estén muy profundamente alojadas en su psiquis, y su origen sólo podría ser determinado con un sincero proceso de introspección o con ayuda de un psicólogo profesional. Pero el objeto de este libro no es explorar las posibles causas de las conductas postergativas individuales; creemos que muchas de estas posibles causas provienen de una "**causa raíz**": **el miedo**. Sí, miedo silencioso bajo muchas formas diferentes.

Veamos la **influencia del miedo en la postergación crónica**.

- **Miedo al fracaso.**
  Se posterga una actividad, un asunto o un proyecto difícil, cuando frente a el se siente carencia de los elementos técnicos conceptuales

u operativos para terminarla con éxito. La idea de fracasar es desagradable, incómoda, y entonces, para evitar ese fracaso se posterga una actividad en espera de que otro la acometa, se olviden de ella, o simplemente dejarla para cuando la autoestima esté más elevada y se tenga la confianza suficiente.

- **Miedo al éxito.**

  Sí, miedo al éxito, porque éste puede conducir a mayores compromisos, más responsabilidades, más exposición a la evaluación de los demás. Así, paradójicamente se puede caer en la postergación sistemática de actividades que se podrían ejecutar con relativa efectividad, por el temor silencioso de que el éxito en ellas sea factor de promoción, de ascenso en la carrera o en el trabajo y eso representa más "complicaciones y nuevas responsabilidades", y esa perspectiva futura causa temor e incomodidad. En otras palabras no se hace ahora lo que pudiere fácilmente ejecutarse por temor a no poder hacer otras cosas futuras que se derivarían de las ya ejecutadas.

- **Espera del "Momento Perfecto".**

  Esta forma de postergación, no abiertamente motivada por el miedo, es también muy común e igualmente dañina. Se posterga sin saber porqué, respondiendo a un misterioso comando interno que impulsa a "dejarlo para después". Es ausencia de motivación, de impulso para actuar. Es la espera por el **"momento perfecto"**, cuando existirán todos los factores necesarios para acometer la tarea. Pero esta ocasión perfecta casi nunca llega. Es la más tonta de las postergaciones, pero tan perjudicial como cualquiera otra.

b. Tres "Comandos" para no Postergar

Adquirir y dominar el hábito de no postergar puede facilitarse si se internalizan tres "comandos" u "órdenes" que debemos tener presente para con ellos superar una situación de postergación inminente.

- **El primer "comando" es: ¡hágalo ahora!, no titubee.**

  En lugar de pensar en las razones para posponer, impártase Ud. mismo la orden categórica de comenzar de inmediato esa actividad que está a punto de postergar. No importa que no pueda concluirla de una vez, pero si logra iniciarla, vencerá la inercia y estará en mejor posición para concluirla.

  Así, Ramón con el asunto del caucho "flojo" ha debido actuar de inmediato, sin titubear, y habría evitado tener mucho **tiempo malo** cambiando un caucho en la mañana y además habría obtenido el ansiado contrato.

- **El segundo "comando" es: ¡Hágalo antes que se lo pidan!**

  Tiene importante aplicación y utilidad cuando el asunto o actividad es requerimiento significativo de la jerarquía de la empresa o bien de una relación personal importante. Cuando una actividad se termina sólo después de haber sido recordada o pedida varias veces por el solicitante, el resultado se desvaloriza ante sus ojos. Él piensa, y con mucha razón, que de no ser por su insistencia, no se habría logrado completar la actividad o trabajo en cuestión. Por el contrario, cuando se inicia y termina una actividad sin que sea necesario para el solicitante recordarlo y se le entrega antes que él sienta la necesidad de "apurarlo", el resultado se valoriza notablemente y el prestigio personal se comienza a edificar.

- **El tercer "comando" ¡Salga de eso de una vez!** Tiene mucha utilidad en el caso de los asuntos desagradables, que implican encontrarse o tratar con personas antipáticas, agresivas, desagradables; o bien cuando la situación por alguna razón nos causa desagrado o estrés.

Este comando ordena ¡salga de eso de una vez!; mientras más desagradable es preferible acometer de inmediato ese asunto, tragar lo amargo rápidamente y no exponernos a la tortura de pensar durante días en lo desagradable que resultará hacer tal o cual cosa. Es como el caso del bañista que no se atreve a lanzarse al agua de la piscina porque piensa que está muy fría y comienza a mojarse poco a poco, pero cada vez que siente el frío del agua retrocede, para luego volver a comenzar su intento. Cuando adquiere el hábito de lanzarse a la piscina de una vez, se aprende que el impacto del frío sólo dura unos segundos, menos de un minuto, luego se olvida y se puede disfrutar del agua, y entonces parece ridículo haberle temido a tan poca cosa. Igual puede acontecer con esas situaciones desagradables que forzosamente debemos enfrentar en la vida. Hay que salir de ellas de una vez, rápidamente, para así evitar el desgaste emocional que su postergación puede causarnos.

c. La Única Postergación Aceptable...

El no postergar es un hábito poderoso cuyos beneficios apenas hemos dibujado en estas páginas. Bien usado puede ser un potente impulso hacia la eficacia personal. Pero es muy conveniente recalcar en este momento la diferencia entre el no postergar y el actuar impulsiva e irreflexivamente. El hábito de no postergar tiene que ver con la realización inmediata y oportuna de las actividades importantes, las que se corresponden con los objetivos y metas vinculadas al plan de vida. **No significa acometer de una vez todas las cosas que se presenten o que nos pidan; algunas o muchas de ellas no estarán en la línea de lo que conviene hacer según nuestro plan de vida, es más pueden alejarnos de nuestro norte.** En ese caso sencillamente no sólo las postergamos sino que nunca las deberemos ejecutar.

La única postergación aceptable la aplicaremos a las actividades o compromisos que no aportan valor a nuestros roles en la vida, aquellas que nos distraen de los objetivos esenciales, aquellas conducentes a incrementar el **tiempo malo.**

Eficacia en Síntesis

- La postergación crónica no produce ningún beneficio; sólo genera problemas, estrés, desprestigio. No postergue lo que tiene que hacerse.

- No titubee. Si debe hacerse ¡Hágalo ahora!

- No espere que se lo pidan o se lo recuerden ¡Hágalo antes de que se lo pidan!

- Si es desagradable, pero tiene que hacerse, ¡Salga de eso de una vez!

- Si no tiene importancia, ni potencial de crisis, ni ayuda a los objetivos, entonces no lo postergue: ¡No lo haga nunca!

Evaluación Personal

- ¿Posterga algunas actividades que considera difíciles, complejas o desagradables, con la esperanza de que se resuelvan solas, o se olviden de ellas?

  Con frecuencia ( ) A veces ( ) Nunca, casi nunca ( )

- ¿Posterga actividades o asuntos que tiene que hacer pero sin darse cuenta y sin saber exactamente por qué?

  Con frecuencia ( ) A veces ( ) Nunca, casi nunca ( )

Si sus respuestas fueron una de las dos primeras opciones seguramente querrá mejorar el dominio de No Postergar. Use los siguientes espacios para escribir sus aprendizajes y sus compromisos de acción.

¿Qué aprendí, de que me di cuenta?

_____

_____

_____

_____

Mis propósitos.
¿Qué voy a hacer?

_____

_____

_____

¿Cuándo?

_____

_____

_____

_____

_____

¿Alguien de mi entorno será afectado o involucrado?
¿Quién?

_____

_____

_____

_____

_____

¿Necesito algún recurso para ejercitar este hábito?
¿Cuál?

_____

_____

_____

_____

_____

_____

_____

5. Hágalo Bien la Primera Vez.

Desiré terminó sus estudios de diseño gráfico e inmediatamente comenzó a ofrecer sus servicios a distintas empresas. Gracias a su extraordinario talento artístico rápidamente logró

varios clientes que la mantenían ocupada gran parte del tiempo pero podía dedicarle suficiente atención a cada uno de ellos para conservarlos satisfechos. Estos clientes fueron la referencia para conseguir otros, con lo cual su tiempo comenzó a hacerse crítico y Desiré pensó que tenía que trabajar más rápido para atenderlos a todos. Así que se dispuso a hacer sus trabajos con la mayor velocidad posible para cumplir con sus compromisos. Más adelante ella pensó que sus clientes se estaban haciendo más exigentes y caprichosos. Casi siempre le encontraban errores y detalles a sus bocetos y trabajos finales y por eso debía rehacerlos y visitar de nuevo a los clientes. Esto ocurriría con casi todos y ahora tenía que trabajar de noche y los fines de semana para poder estar al día con esos clientes "caprichosos" y "exigentes". La historia continuó así, Desiré trabajando muchas horas a gran velocidad para entregar sus bocetos y luego tener que dedicarle tanto o más tiempo a rehacer y corregir los trabajos para eliminar errores o detalles incurridos por causa de la velocidad.

El epílogo de esta historia es que Desiré perdió casi la mitad de sus clientes, pero siguió trabajando el mismo número de horas diarias, con menos ingresos y sin el tiempo para buscar nuevos clientes.

La historia anterior enseña claramente que una de las consecuencias de hacer de prisa las cosas, por "falta de tiempo", son resultados defectuosos o incompletos y se requiere tiempo adicional para volver a hacerlas o complementarlas, con lo cual el tiempo total empleado es mucho mayor, pues estamos agregando **tiempo malo** al **tiempo bueno**. Esto es bastante evidente y cada uno de nosotros tendrá muchas vivencias de estas situaciones. Sin embargo, puede que nos dejemos dominar por la prisa de lo urgente y desarrollemos algunas actividades de manera descuidada o incompleta para terminar pronto... pero con la fatalidad de reparar, rehacer o completar lo que obviamos en la primera vez.

Este improductivo proceso se llama "**retrabajo**". Hay investigaciones que evidencian la importancia económica para las empresas el que sus procesos se hagan correctamente para evitar los costos de rechazo por calidad insuficiente o lo aún peor: el impacto negativo en un cliente al recibir un producto o servicio defectuoso, no trabajado correctamente. Estos estudios han revelado cifras sorprendentemente elevadas del tiempo empleado en "retrabajo", es decir **tiempo malo**, tiempo improductivo, que pudo evitarse si el trabajo se hubiera hecho bien desde el principio.

a. ¿Cuánto Tiempo Perdemos en "Retrabajo"?

¿Sabemos cuánto de nuestro tiempo diario se convierte en **tiempo malo** por el "retrabajo" de propuestas, proyectos, documentos, informes, cartas, cálculos, instrucciones, que no cuidamos suficientemente la primera vez? Quizás no tengamos idea de la cantidad de tiempo improductivo por esta causa, pero lo más probable es que sea mucho más de lo imaginado.

Una forma relativamente sencilla de estimar el **tiempo malo** creado por "retrabajo" es revisar las actividades cumplidas durante varios días anteriores y estimar cuanto tiempo se empleó en reparar, rehacer, completar, corregir, etc. nuestro propio trabajo. Si se lleva una agenda diaria será de gran ayuda para la estimación. Si no es así, es recomendable   iniciar un registro diario de actividades, con cierto detalle y durante varios días, una semana, y luego hacer análisis. Si el resultado muestra que su tiempo en "retrabajo" es menor del 10%: ¡felicitaciones!, usted ya posee el hábito de hacer bien las cosas la primera vez. Si por el contrario el porcentaje es mayor, y muy distante del 10% referencial, entonces requiere adquirir o reforzar el hábito de hacerlo bien la primera vez.

b. Como Evitar el "Retrabajo"

Para mejorar la calidad de nuestra producción y evitar el **"retrabajo"** no es suficiente la buena intención; se necesita al menos alguna orientación y en este sentido se señalan tres recomendaciones claves:

- **Piense primero... hágalo después.**

  Esto evita acometer con mucha prisa y poca reflexión una actividad compleja, no repetitiva o con la cual no estemos familiarizados. Unos pocos minutos de análisis y reflexión antes de iniciar una tarea de este tipo seguramente, significarán un mejor resultado y evitarán quizás horas de "retrabajo" y muchos disgustos...y desprestigio. Así estaremos usando inteligentemente el tiempo.

  El "pensar primero y hacerlo después" comprende varios procesos bien importantes para el inicio de una tarea, tales como los siguientes:

  - **Estudie la tarea,** es decir comprenda claramente cuál es el objetivo; cual debe ser el resultado final; cuáles son sus características; cuales sus dificultades; qué espera el solicitante, destinatario o cliente.

- **Haga un sencillo plan,** nada complejo; simplemente determine los pasos o etapas necesarias, el tiempo y los requerimientos o exigencias de cada una. En otras palabras, determine por donde comenzar y cuándo hacerlo, tenga a mano los datos o instrumentos. Sepa cuando y como concluir.

- **No adivine, pregunte;** además de ser más fácil también es más seguro. Si tiene alguna duda sobre las especificaciones o exigencias del cliente, del jefe, o del organismo público que ha requerido cierto informe, proyecto o trabajo, lo sensato es preguntar y aclararlo con el solicitante, y no tratar de adivinar o suponer. Esta sencilla costumbre evitará muchos errores y el consiguiente e improductivo "retrabajo".

- **Póngale autoestima y concentración a lo que va hacer;** hágalo con cariño, con ganas, con intensidad, con satisfacción por hacer aquello. Siéntase orgulloso de su esfuerzo y de su resultado.

- **Busque en un experto.**
A veces tratamos de desarrollar proyectos que están fuera de nuestra competencia o experiencia con la sana idea de ahorrar dinero. Algunas veces esto no resulta precisamente una buena idea, puede resultar mucho más costoso el "retrabajo" que el costo de un experto.

Usar especialistas o expertos es una práctica útil y mucho menos costosa de lo que aparece a primera vista. Es verdadero para tareas manuales (pintar una pared, reparar un artefacto doméstico, corregir una fuga de plomería) en las cuales, a menos que se tenga una gran habilidad manual y conocimiento artesanal suficiente, lo mejor, lo más rápido y lo más económico es buscar el especialista. Igualmente para actividades intelectuales o profesionales la recomendación es válida en nivel superlativo y en esta área existen muchos recursos especializados (abogados, ingenieros, médicos, consultores, etc.) a los cuales debe acudirse cuando esto sea lo sensato.

Recuerde: el **"retrabajo"** puede ser más costoso, en tiempo y dinero, que el costo de buscar un experto.

c. **Evite el Perfeccionismo Improductivo.**

Casi tan dañino como hacer descuidadamente las cosas es el perfeccionismo inútil. Es decir prolongar excesivamente la elaboración de algo por dedicarse a detalles sin importancia, que no agregan valor a la actividad y que sólo consiguen retardar la terminación de la actividad. No caiga en este extremo, es tan improductivo como no hacer bien las cosas. Además desespera a las otras personas que están esperando la terminación de la actividad la cual parece nunca llegar, mientras Ud. le agrega detalles inútiles y preciosismos redundantes.

Haga las cosas bien la primera vez, ejecutándolas con la mayor responsabilidad y cuidado, previniendo errores, satisfaciendo las necesidades de su cliente, pero no trate de ser preciosista, perfeccionista, complicando y retardando así la terminación. **No olvide que hay virtudes que llevadas al extremo se convierten en defectos.**

Adquirir el hábito de hacerlo bien la primera vez se convertirá en un poderoso impulsor de la eficacia personal. No pierda de vista que el apuro, la prisa irreflexiva, son atajos engañosos que finalmente resultan mucho más largos y extenuantes que el camino real de hacerlo bien... de una vez.

Eficacia en Síntesis

- Antes de hacerlo, piense en cómo hacerlo.
- Haga un sencillo plan de cómo, con qué, cuándo, etc...
- Si no sabe cómo hacerlo, no adivine: pregunte.
- Si es necesario busque un experto.

- Póngale autoestima y concentración a lo que va a hacer
- Evite el perfeccionismo improductivo.

Evaluación Personal

- ¿Siente impulso de hacer rápidamente ciertas actividades que no domina bien, dejando de lado estudiar previamente bien la actividad, sus detalles, las exigencias, los requerimientos y otras características importantes?
  Con frecuencia ( ) A veces ( ) Nunca, casi nunca ( )

- ¿Emplea más del 10% de su tiempo diario corrigiendo, rehaciendo, reparando trabajos o papeles elaborados por usted, pero que resultaron insatisfactorios o inadecuados?
  Con frecuencia ( ) A veces ( ) Nunca, casi nunca ( )

- ¿Es perfeccionista en las tareas que le toca desarrollar y no las da por concluidas hasta pulir todos y cada uno de sus detalles, y por eso toma más tiempo del esperado?

Con frecuencia ( ) A veces ( ) Nunca, casi nunca ( )

Si sus respuestas fueron una de las dos primeras opciones seguramente querrá mejorar el dominio de Hacerlo Bien la Primera Vez. Use los siguientes espacios para escribir sus aprendizajes y sus compromisos de acción.

¿Qué aprendí, de que me di cuenta?

_____

_____

_____

_____

Mis propósitos.
¿Qué voy a hacer?

_____

_____

_____

¿Cuándo?

_____

_____

_____

_____

_____

¿Alguien de mi entorno será afectado o involucrado?
¿Quién?

_____

_____

_____

_____

_____

¿Necesito algún recurso para ejercitar este hábito?
¿Cuál?

_____

_____

_____

_____

_____

6. Evite, Anticipe o Aproveche las Crisis.

"Lo importante no es predecir diluvios ... sino construir arcas"
Principio de Noé

Una crisis es un evento que por su naturaleza requiere inmediata, intensa y prolongada atención por su potencial para causar grandes daños, pérdidas o desequilibrios. En términos del uso del tiempo una crisis significa un trastorno importante a nuestros planes y agendas y perturba, según su magnitud, nuestra actividad por horas, días, semanas, meses o años.

Hay personas que ven su trabajo como una sucesión de crisis de distinto tamaño, las cuales emergen en momentos inesperados, y donde los cambios de prioridad ocurren con tal frecuencia que les hace sentir que no vale la pena hacer ningún esfuerzo de planificación del uso de su tiempo; las crisis hacen pedazos esos planes. Llegan a la convicción de que su trabajo consiste en la administración de esa serie de crisis, llegan a aceptarlo y abandonan los esfuerzos por controlarlo y adoptan una actitud reactiva frente a estas perturbaciones. Se dejan llevar por el río de las emergencias y las crisis.

Tal situación es fatal, produce un terrible desgaste emocional, estrés y deterioro de la salud. Para una empresa significa una pérdida del control de su rumbo, mermas económicas significativas, ambiente de tensión entre el personal y hasta su eventual desaparición.

En el ámbito de lo personal las crisis de salud, de relaciones familiares, las económicas y otras, al igual que en las actividades profesionales o de negocios, tienen efectos que van desde perturbaciones de mediana profundidad hasta efectos verdaderamente devastadores para las vidas, carreras y patrimonios de los afectados.

Está claro que lo peor a ocurrir, en cualquiera de las dimensiones de nuestra vida, es la aparición de uno de estos "terremotos". Todos podemos recordar algunos de estos cataclismos personales y también todos sus inconvenientes sucesivos, su costo emocional y económico y el tiempo requerido para alcanzar nuevamente el equilibrio y la paz interior.

a. ¿Pueden Evitarse las Crisis?

Ciertamente buena parte de ellas puede evitarse, mediante la prevención. Es decir no permitiendo que se acumulen las condiciones para una crisis, actuando sobre las áreas con potencial de crisis, sobre los sistemas críticos, sobre los asuntos delicados, para que no alcancen el nivel explosivo. El más sencillo ejemplo es la salud, donde la prevención realizada a través de la alimentación, el ejercicio, los hábitos sanos, y la revisión médica periódica, evitan buena parte de las enfermedades, que sin duda son unas de las crisis más dolorosas y costosas.

¿Qué hacer para evitar las crisis?

- **Identifique los "nidos de crisis"**

Debemos identificar en cada uno de nuestros roles los asuntos que tienen potencial de crisis, aquellos que dejados sin atención pueden evolucionar negativa y rápidamente hasta transformarse en un gran desajuste, un gran problema, en una bomba explosiva. Una vez identificados estos **"nidos de crisis"** hay que incluir en nuestras listas las actividades que evitarán tales crisis.

Todos conocemos en nuestra actividad laboral algunos procesos, ciertos "jefes", trabajadores o clientes que regularmente generan problemas que luego se transforman en crisis. Estos casos requieren ser tratados con atención especial para prevenir las crisis que pueden originar.

- **Tenga sistemas o recursos duplicados**
Otra práctica útil dentro para la prevención es disponer de recursos redundantes. En nuestro automóvil tenemos ejemplos de este concepto; el más evidente es la llanta de repuesto, que nos previene de la horrible crisis de quedarnos

accidentados por un caucho desinflado en medio de un viaje nocturno por carretera. Igualmente los frenos del vehículo, que son un elemento vital para nuestra seguridad, tienen un sistema duplicado de líneas de fluido que minimiza el impacto en la seguridad de la rotura de una pequeña tubería del fluido de los frenos.

Estas aplicaciones que vemos en nuestro entorno podemos usarlas en la actividad profesional y personal. Cosas tan elementales como tener duplicados de los documentos esenciales, de las memoria del computador, del directorio telefónico del móvil, de las múltiples llaves que debemos usar diariamente; el mantenimiento preventivo de los equipos o sistemas de los cuales depende nuestra actividad, entre ellos el automóvil, el disponer de pólizas de seguro adecuadas, y fundamentalmente ocuparnos de las personas que hacen posible nuestra actividad y desarrollo para que siempre podamos compartir con ellos los logros.

b. ¿Pueden anticiparse las crisis?

Nuestra respuesta es que la mayoría de ellas pueden anticiparse con cierto tiempo de ventaja. Sólo una minoría de las crisis son fatales, es decir inevitables e impredecibles. Esto varía según el nivel de la crisis, como se verá de inmediato.

En el **primer nivel** de las crisis fatales se encuentran los desastres naturales: terremotos, huracanes, temporales, lluvias catastróficas, impacto de rayos, y otros eventos de difícil predicción y control.

En **segundo nivel**, deben señalarse los desastres sociopolíticos: guerras internacionales, guerras civiles, ataques terroristas y similares.

En el **tercer nivel** están los desastres económicos, nacionales e internacionales, causados por acciones repentinas de importantes actores económicos, tales como súbitas devaluaciones monetarias, quiebras bancarias; caídas bursátiles, etc.

Igualmente existen crisis de **cuarto nivel** que son las relacionadas con nuestro trabajo, empresa o negocio **y de quinto nivel**, las relacionadas con lo personal, familiar o social inmediato. En estos últimos niveles se puede tener mayor posibilidad de anticipación.

Como puede verse, hasta el segundo o tercer nivel existe sólo algún grado de anticipación y de control. Más abajo de este nivel de crisis el grado de anticipación aumenta. Rara vez las crisis de cuarto o quinto nivel se presentan sin una o más **señales previas**.

El hecho es que muchas veces no percibimos estas señales, no las interpretamos correctamente o las ignoramos por estar ocupados en asuntos urgentes del "día a día". Una crisis de salud rara vez se genera de un día para otro. El cuerpo comienza a emitir señales de aviso con alguna anticipación: variaciones del peso, alteraciones del sueño, pequeños dolores pasajeros, fiebres inexplicadas y otras señales, son claras exigencias para hacernos un examen médico, y así identificar un problema todavía en estado incipiente y por tanto controlable. Ignorar esas señales puede originar el desencadenamiento de una enfermedad que nos causará sufrimientos, nos alejará de nuestras actividades profesionales, afectará a nuestro entorno familiar y además consumirá parte de nuestros recursos económicos. Esta es una grave crisis que puede ser anticipada y reducida a una situación manejable.

Igualmente en una empresa o negocio las grandes o pequeñas crisis emiten sus señales con anticipación. Clientes molestos, devoluciones importantes, gerentes que renuncian, competencia agresiva que surge, el "jefe" molesto con nuestro trabajo, pueden ser hechos aislados o quizás las **señales tempranas** de alguna situación que amerita atención prioritaria antes de que pueda transformarse en una crisis inmanejable.

Lo sensato es abrir los ojos, los oídos y la inteligencia a las tenues y sutiles señales que emiten los problemas cuando están transformándose en crisis. Procesar esta información nos hará tomar decisiones oportunas que permitan interrumpir el crecimiento de la situación a niveles de desastre. El tiempo así invertido es **tiempo bueno** y significará un gran ahorro de recursos y ganancia de una mayor tranquilidad.

> *Un pesimista es el que convierte sus oportunidades en dificultades; un optimista es quien convierte sus dificultades en oportunidades.***Reginald B. Mansell**

c. No llore: Aproveche las Crisis Cuando lleguen.

"Cuando se cierra una puerta, otra se abre"

Miguel de Cervantes

A pesar de todo el trabajo de prevención que hagamos y de lo atentos y pendientes que estemos frente a las señales tempranas de las crisis en formación, es inevitable que de cuando en vez se presente una crisis de cierta magnitud. Por eso debemos aprender es el **manejo productivo** de tales crisis inevitables.

Aquí se sugieren varias ideas útiles.

- **Conserve la calma, no llore...**

  La primera idea es conservar la calma y procurar mantener la mayor lucidez en la emergencia. Sabemos que frente a una crisis impactante esto no es fácil. Al comienzo podemos sentir un cierto desequilibrio emocional que nos confunda y nuble el entendimiento. Es bueno dejar pasar un breve tiempo para asimilar el impacto y recobrar la calma, para poder de allí en adelante obrar inteligentemente.

- **No la niegue, no la oculte, no mienta ni se mienta a sí mismo.**

  Lo segundo es asumir que si ya la crisis estalló no podemos revertirla; está allí, presente, amenazadora y peligrosa. Hay que asumirla, no debe ocultarse ni disfrazarse. Debe reconocerla y comunicarla. Además, no espere que se resuelva sola, no postergue.

- **No corra, enfréntela y atáquela.**

  No busque culpables, busque causas. Encuentre y enfrente las causas de la crisis y prepare un plan de acción para superarla.

- **Busque ayuda competente**

  No siempre es posible ni conveniente el manejo solitario de la situación .En muchas ocasiones se requiere ayuda competente y experta para diseñar y desarrollar las salidas de las crisis. De manera que desde un plomero, un bombero, un médico, un abogado, un consultor de empresas, hasta un amigo pueden ser la diferencia entre una horrible crisis prolongada dolorosamente y otra resuelta rápida y productivamente.

- **Abra los ojos: ¡Vea la crisis como oportunidad!**

  Es necesario entender las crisis como extraordinarias ocasiones **para aprender** y

hacer cambios, modificaciones o transformaciones que de no ocurrir la crisis no hubieran sido fáciles acometer.

Mediante un ejemplo extremo puede verse más claro el potencial ventajoso que se podría lograr de una crisis. Un gran incendio que destruya una tienda por departamentos es sin duda una gran crisis, pero también una tremenda oportunidad para su reconstrucción, revisar el concepto y estilo de la tienda, hacer un diseño de piso totalmente nuevo, transformar la distribución de la mercancía, eliminar departamentos improductivos, cambiar parte del personal, y en general darle un nuevo aspecto a la tienda. En condiciones normales estos cambios habría sido difícil acometerlos de una sola vez con la tienda en operación.

La historia universal está llena de ejemplos de notables estadistas y políticos que aprovecharon grandes crisis políticas o guerras para iniciar o acelerar procesos de transformación. Proporcionalmente, con crisis menores y de distinta naturaleza podemos realizar significativos cambios en nuestro trabajo, negocios e inclusive en el nivel de lo social y familiar. No es inteligente después de una crisis dejar todo como antes. Es una oportunidad de cambio para ser aprovechada. **No la deje pasar**.

La palabra crisis en sí misma encierra el sentido de una ocasión productiva. Significa cambio de un estado a otro, y en alguna extraña lengua oriental se traduce como "oportunidad".

Eficacia de Síntesis

- No acepte vivir en una sucesión interminable de crisis de todo tipo (personales, económicas, profesionales...). Asuma una actitud proactiva y practique la prevención y la anticipación de las crisis.

- Muchas crisis se pueden evitar. Identifique en sus roles los asuntos con potencial de crisis y atiéndalos temprano y continuamente.

- Las crisis anuncian su cercanía emitiendo "señales" que debemos aprender a leer. Haga caso de las primeras "señales" y actúe a tiempo para anticiparse a una crisis y quizás revertirla.

- Las crisis inevitables pueden aprovecharse para hacer cambios y transformaciones. Cambie su visión de ellas, véalas como oportunidades.

Evaluación Personal

- Sus colegas, compañeros, supervisados o familiares opinan que a usted casi nunca se le presentan crisis, desastres o emergencias graves. Con frecuencia ( ) A veces ( ) Nunca, casi nunca ( )

- ¿Tiene claramente identificadas las situaciones o asuntos con potencial de crisis ("nidos de crisis") y tiene un plan de acción para prevenirlos o controlarlos ?.

  Con frecuencia ( ) A veces ( ) Nunca, casi nunca ( )

- ¿Suele aprovechar las crisis de distinta naturaleza que se presentan para hacer cambios importantes en su entorno profesional, laboral, social o personal?

Con frecuencia ( ) A veces ( ) Nunca, casi nunca ( )

Si en sus respuestas a estas preguntas incluyó un "Nunca, casi nunca" querrá mejorar el dominio de la práctica "Evitar y Anticipar las Crisis". Use los siguientes espacios para escribir sus aprendizajes y sus compromisos de acción.

¿Qué aprendí, de que me di cuenta?

_____

_____

_____

_____

_____

_____

Mis propósitos.
¿Qué voy a hacer?

_____

_____

_____

_____

_____

¿Cuándo?

_____

_____

_____

_____

_____

¿Alguien de mi entorno será afectado o involucrado?
¿Quién?

_____

_____

_____

¿Necesito algún recurso para ejercitar este hábito?
¿Cuál?

_____

_____

_____

_____

_____

_____

_____

_____

7. Delegue con Eficacia y Elegancia.

Delegación: ¿técnica o arte?
La delegación es una técnica
esencial que todo supervisor
y gerente debe aprender a manejar temprano en su
carrera. Si no es así no podrá desempeñar efectivamente
sus funciones. Delegar es una técnica que bien
manejada se convierte en exquisito arte y poderoso
impulsor dentro de las pirámides organizacionales. Pero
su utilidad rebasa los confines empresariales y produce
beneficios en cualquier ámbito donde actúen equipos
humanos.

La delegación, además de todas sus consideraciones
técnicas, **debe convertirse en un hábito** a practicar
disciplinadamente, pues para la mayoría no es una
conducta natural y espontánea. Al contrario, a muchos

les puede resultar difícil ejercer la delegación. La fuerte tendencia a hacer uno mismo todas las cosas, "para que salgan bien", puede dominarnos y así, silenciosamente, convertirse en un pesado impedimento para la efectividad personal.

a. ¿Por qué Sentimos Resistencia a Delegar?

Las personas a quienes les resulta difícil ejercer la delegación suelen presentar argumentos poco convincentes para excusar sus prácticas centralizadoras de actividades. Aunque la delegación implica ciertos riesgos, el principal es que las cosas salgan mal, si se ejerce cuidadosamente estos riegos se minimizan y se aprovechas el inmenso potencial de este hábito.

Son seis las excusas más comunes para no delegar:

• La **primera** es "no tener a quien delegar", refiriéndose tanto a la inexistencia de la persona en quien delegar o a su falta de calificaciones para recibir la delegación.

- La **segunda** excusa tiene que ver con la importancia y criticidad de la actividad, por lo cual se piensa que no puede delegarse. En el fondo esta excusa es una variación de la primera; se basa en la inexistencia de otra persona capaz de hacerlo de igual manera.

- La **tercera** argumentación es que "me lo asignaron a mí", o su variante "eso sólo me corresponde a mí", por lo cual se piensa que si algún otro realiza esta tarea, quien la delega perderá su entidad, su poder o los beneficios y méritos de haber realizado la actividad.

- Una **cuarta** excusa es el presunto o real carácter confidencial, y así, revistiendo de cierto misterio actividades rutinarias e intrascendentes se evade su delegación.

- La **quinta** excusa es realmente paradójica; "no he tenido tiempo para entrenar a alguien para hacer este trabajo". Es contradictoria en grado extremo porque si se delegara con más frecuencia las actividades rutinarias, se habría generado **tiempo bueno** para entrenar a otras personas en la ejecución de esas mismas actividades.

- "Me gusta hacerlo", es **otra** excusa que a veces se escucha cuando alguien justifica sus hábitos no delegatorios. Realmente es una razón que podría tener peso, siempre y cuando hacer "actividades agradables" no sea una excusa para evadir otras más importantes y más difíciles. De esta manera el "me gusta hacerlo" pudiera ser en algunos casos una combinación de postergación con evasión de delegación.

b. La Delegación Crea Oportunidades

Si usted quiere aumentar su eficacia personal y su **tiempo bueno** es necesario desarrollar el hábito de la delegación. Entienda claramente su significado, pues cuando se delega, se traslada la ejecución de una tarea o actividad, pero la responsabilidad sigue en cabeza de quien delega.

La delegación libera tiempo para destinarlo a grandes e importantes proyectos o actividades de nuestras listas. **La delegación genera tiempo bueno.**

La delegación bien ejercida no sólo es un alivio sino también una gran oportunidad para el desarrollo personal y profesional de los delegados, dándole oportunidad y campo para aprender y crecer. La delegación llevada a sus límites virtuosos se transforma en **"poderización"**, esto es la transferencia del poder a otros, que puede producir importantes transformaciones en una empresa.

c. **Seis Claves para Delegar con Eficacia y Elegancia.**
   Mucho se ha escrito sobre la delegación con eficacia pero las claves fundamentales pueden agruparse en seis:

- **Primera clave: No delegue lo que se pueda eliminar.**
  Es fácil percibir la potencia de esta recomendación, la cual nos pide reflexionar sobre la utilidad, importancia o pertinencia de alguna actividad antes de encargarla a otro. Si

carece de importancia, no la delegue, no la haga usted; elimínela, elimínela, elimínela y nunca más piense en ella.

- **Segunda clave: Delegue aunque quisiera hacerlo usted mismo.**

  Una de las excusas ya mencionadas para evitar la delegación, es el gusto que podemos sentir haciendo tal o cual cosa. Recuerde, es posible que estemos ocultando el temor a la delegación, pero si realmente sentimos gusto desarrollando algo pero ese tiempo se requiere para una actividad mucho más importante, no lo dude: ¡delegue! La primera vez se sentirá incómodo, inseguro, tenso, pero después aprenderá a manejar el estrés delegacional hasta su pronta desaparición.

- **Tercera clave: Confíe en su gente.**

  Esta condición es esencial; usted debe confiar en su gente, mientras no tenga razones objetivas para no hacerlo. Ahora, si usted no cuenta con personal idóneo, con capacidad para aprender, pues no espere, ¡sustitúyalos! Usted no puede mantener un equipo de trabajo que no merezca confianza; está causando un grave daño a su empresa, negocio y también a usted mismo. Por lo tanto debe clarificar definitivamente este asunto. Pero, si dispone de un grupo razonablemente bueno, aunque no sean estrellas, confíe en ellos, delegue inteligentemente para que se desarrollen, se transformen en estrellas y pueda usted también avanzar.

- **Cuarta clave: Delegue por objetivos.**

Esta recomendación nos sugiere que muchas veces al delegar, lo más importante es explicar al delegado el objetivo que se quiere alcanzar. Así el delegado tendrá una mayor compresión del "para que" se está haciendo algo y además se le puede dejar amplio margen de "cómo" él alcanzará la meta. Sin embargo, debemos dejar a salvo las situaciones en las cuales el procedimiento, los pasos a seguir sean críticos o inmodificables, en cuyo caso debe enfatizarse también el "como".

- **Quinta clave: No delegue siempre hacia los más aptos.**

  Esta clave es muy sabia; alerta sobre el peligro de crear inconscientemente nuestros favoritos confiables a quienes delegamos con más frecuencia, desbalanceando el desarrollo del resto del equipo. Podemos imaginar lo que ocurriría en un equipo de baloncesto donde el capitán siempre le pase el balón a sólo un jugador para que él enceste. Obviamente el resto de los jugadores no desarrollará las habilidades de encestar atinadamente, no tendrán oportunidades para hacerlo. Además, es fácil imaginar los sentimientos de los jugadores marginados. Se sentirán frustrados y terminarán culpando, no al capitán, sino al "favorito", construyendo así un camino directo hacia la ruptura emocional del equipo.

- **Sexta clave: Recuerde que delegar no es renunciar.**

  Delegar no es renunciar, ni entregar el poder, ni abdicar. La delegación efectiva significa lo opuesto; es crecer en oportunidades que ahora pueden percibirse y aprovecharse por disponer del **tiempo bueno** para hacerlo. Adicionalmente, la delegación eficaz es la mejor vía para construir y desarrollar un excelente equipo de trabajo, y esto también es muy válido en el ámbito personal y en las actividades domésticas.

Eficacia en Síntesis

- La delegación bien ejercida es muy útil tanto en lo laboral y profesional como en los otros roles que desempeñamos en la vida.

- Si siente resistencia o dificultad para delegar, no se deje vencer por ella; delegue aunque le sea difícil la primera vez. Luego irá venciendo progresivamente ese temor.

- Revise cual es su excusa favorita para no delegar y analícela objetivamente para ver si tiene racionalidad y sustentación.

- Siga las seis claves para la delegación eficaz; familiarícese con ellas, téngalas siempre presente.

- La delegación bien ejercida no sólo es un alivio sino también una oportunidad para el desarrollo personal y profesional de los delegados.

Evaluación Personal

- Usted disfruta delegando actividades importantes.

  Con frecuencia ( ) A veces ( ) Nunca, casi nunca ( )

- ¿Emplea tiempo adiestrando, instruyendo y motivando al personal para poder delegar mas y mejor?

  Con frecuencia ( ) A veces ( ) Nunca, casi nunca ( )

Si en sus respuestas a estas preguntas incluyó un "Nunca, casi nunca" querrá mejorar el dominio de la práctica "Delegar con Eficacia". Use los siguientes espacios para escribir sus aprendizajes y sus compromisos de acción.

¿Qué aprendí, de que me di cuenta?

_____

_____

_____

_____

Mis propósitos.
¿Qué voy a hacer?

_____

_____

_____

¿Cuándo?

_____

_____

_____

_____

_____

¿Alguien de mi entorno será afectado o involucrado? ¿Quién?

_____

_____

_____

_____

_____

¿Necesito algún recurso para ejercitar este hábito? ¿Cuál?

_____

_____

_____

8. Simplifique, Simplifique, Simplifique

"La simplicidad es la máxima sofisticación"

Leonardo Da Vinci

Si hacemos un inventario de las actividades que realizamos en cada uno de nuestros días, nos daremos cuenta de que una parte de ellas, quizás grande, quizás pequeña, pudiera ser eliminada sin consecuencias de ningún tipo para nuestros objetivos principales. Nuestra rutina de trabajo, personal o doméstica, se va progresivamente cargando de actividades que en un momento determinado tuvieron justificación e importancia, pero con el correr del tiempo y el acontecer de los cambios en nuestra vida y en el entorno van perdiendo su justificación inicial. Sin embargo, seguimos cumpliendo rutinas ya sin ningún valor para el logro de nuestros objetivos. Seguimos agregando **tiempo malo** a nuestro día. **Deje de hacer lo innecesario para poder hacer lo necesario.**

Es bastante frecuente encontrar en algunas empresas la elaboración de relaciones, informes y otros documentos, con gran cuidado y meticulosidad, pero que nadie utiliza. Sin embargo, se continúan haciendo como parte significante del trabajo. ¿La razón? Hubo una vez un gerente que exigía esos papeles y que realmente los usaba, pero hace ya varios años no está y el nuevo gerente tiene una manera diferente de obtener esa información. Pero, se siguen haciendo los papeles.

Es legendaria la historia de los vigilantes que los ingleses apostaron en su costa Sur, cara al Norte de Francia, a principios del siglo XIX, para avistar cualquier posible invasión marítima de Napoleón. Eran funcionarios de la corona real, con sueldos, cuya misión fundamental en ese momento (sin teléfonos, radio ni automóviles) era dar aviso temprano de cualquier movimiento visible de barcos franceses. Esto lo deberían hacer por

202

medio de un sistema de campanas dispuestas cada cierta distancia que transmitirían la información tierra adentro. El hecho sabido es que nunca hubo invasión napoleónica y los vigilantes reales se aburrirían mucho pero, allí estaban listos para dar la alarma. Lo insólito de la historia es que la burocracia británica conservó estos cargos después de muerto Napoleón y fueron sucesivamente ocupados por varias generaciones de fieles servidores de la Corona,... ¡hasta bien entrado el siglo XX!

Esta historia dramatiza cómo la rutina, la costumbre y la burocracia, consagran la permanencia de roles y actividades que el cambio de los tiempos hace injustificados e innecesarios. ¿Cuántos vigilantes contra Napoleón no tendremos escondidos en nuestras rutinas diarias?

Es necesario revisar también las actividades que lucen muy complejas y que requieren mucho tiempo y recursos. Es posible que encontremos algunas que nacieron innecesariamente complicadas, pero que nunca las hemos sometido a un análisis crítico.

Un caso memorable de cómo crear soluciones complejas a un problema simple se dice que sucedió en un fabricante de jabón en polvo. Cierta vez la empresa recibió una queja de un cliente que compró una caja que resultó vacía. De inmediato se llevo el problema a la línea final de llenado, en la cual se transportaba todas las cajas individuales de jabón hacia el departamento de embalaje para su posterior despacho. Por alguna razón, muy ocasionalmente llegaba a esta línea una caja vacía. La Gerencia solicito a sus ingenieros resolver el problema. Estos trabajaron muy duro para crear un equipo de rayos X con monitores de alta resolución, manejados por dos personas para revisar todas las cajas de jabón que iban pasando por la banda

Arquímedes Román A.

transportadora para asegurarse que no estuvieran vacías.

El equipo de técnicos se esforzó para lograr una solución y lo hicieron en tiempo record, pero se gastó una muy importante cantidad de dinero y se crearon dos nuevos empleos.

Años después, cuando a un empleado de almacén de una pequeña empresa fabricante de detergentes se le presento el mismo problema, a él no se le ocurrió crear una complicada máquina de rayos X ni nada parecido, sencillamente compró un ventilador industrial y lo colocó apuntando hacia la parte final de la línea de llenado y así cada caja de jabón que pasaba era soplada por el ventilador y si alguna estaba vacía simplemente era tumbada por el fuerte soplado y caía a un deposito.

Además de las actividades innecesarias debemos prestar atención a las que resultan complejas y que demandan mucho tiempo, recursos y esfuerzo para su ejecución. Si no es posible eliminarlas, podremos analizarlas en busca de oportunidades para simplificarlas en su ejecución.

Para ayudarle a simplificar su vida le presentamos **cinco útiles y poderosas ideas**.

a. **Revise fríamente las actividades rutinarias y repetitivas para eliminarlas...**

Es necesaria una fría revisión de nuestras actividades repetitivas para encontrar aquellas que han perdido justificación. Para eso sería muy útil disponer de un registro detallado de las actividades diarias durante un lapso significativo. La revisión de nuestras agendas puede ayudar mucho en este propósito. Una opción es hacer un recuento mental de esas rutinas. Otra es comenzar a llevar un detallado registro diario durante un buen número de días y luego hacer la revisión. Con mucha seguridad, cualquiera sea el método escogido, se podrán encontrar actividades repetitivas claramente innecesarias y otras de dudosa justificación. Allí está la oportunidad para tomar la decisión de dejarlas de hacer. Si tiene dudas, déjelas de hacer durante un tiempo; si no pasa nada, nadie reclama y usted no siente la ausencia de la actividad, proceda a enterrarla para siempre.

b. Reduzca, organice, cambie...
Las actividades que no se pueden eliminar se pueden simplificar a través de un esfuerzo de **reducción** a lo esencial, eliminando pasos, elementos, componentes, que no agregan valor al resultado sino que solamente consumen tiempo y complican la actividad. **Reducción se trata de eliminar lo obvio o inútil y dejar solamente lo pertinente, lo necesario.**

Otras veces además, o en lugar de la reducción, se posible **organizar** los pasos o componentes de la actividad o proceso para que resulta más fácil su ejecución y por lo tanto se requiera menos tiempo.

La tercera vía es la de **cambiar** el orden en el cual se ejecutan los pasos para de esta forma mejorar la actividad y posiblemente reducir el tiempo total de la misma. El cambio también puede ser en los requerimientos, materiales, información, etc.; en general en cualquiera de los requerimientos de la actividad, todo con el propósito de simplificar y **reducir tiempo malo y ganar tiempo bueno.**

c. **Si no lo quiere eliminar: deléguelo temporalmente.**

Es posible tener dudas frente a ciertas rutinas, de las cuales no está seguro de eliminarlas y no sabe tampoco cuales consecuencias se puedan originar. En este caso tiene otra salida: ¡deléguelas! Procure que otro las continúe haciendo, y así las borra de su día a día, para abrir espacio a las actividades verdaderamente importantes. Después de un tiempo evalúe la posibilidad de eliminarlas.

d. **Ojo con las cualidades degeneradas en defectos**

Un área que debemos revisar en búsqueda de oportunidades de simplificación son algunas cualidades personales que llevadas al extremo se transforman en "complicadores" de nuestra vida y actividad. Por ejemplo el ser ordenado en el manejo de papeles, pertenencias y cosas en general, es una valiosa cualidad que ahorra tiempo al momento de encontrar algo, Pero este hábito llevado al extremo obsesivo en el cual se use más tiempo ordenando cosas que el que se pueda ganar, se convierte en un "complicador" importante; el orden pasa a ser un fin, un objetivo y no un medio para ser eficaz.

Igualmente la cualidad de ser sistemático y "atacar" las situaciones "paso a paso" es un hábito poderoso, pero llevado al extremo pernicioso se convierte en una traba para procesar problemas o asuntos que demandan otra forma de abordaje.

La puntualidad es sin duda una gran cualidad y es evidencia de un gran respeto a los demás, pero si debemos asistir a un evento organizado por personas reconocidas como altamente impuntuales, ¿Para qué llegar de primero, si tendremos que esperar 30 minutos... de mal humor? Usemos ese tiempo en otra actividad y lleguemos cuando lo consideremos conveniente. **Practique la puntualidad situacional**; es decir decida su nivel de puntualidad de acuerdo a la situación.

e. **Alerta frente a la dominación de los objetos.**
Cuando adquirimos un objeto, un utensilio, un artefacto o un equipo podemos estar comprando un facilitador de tareas o quizás un complicador de nuestra cotidianidad. Algunos objetos requieren más atención y más cuido que el beneficio que aportan. Si no es absolutamente esencial piense bien antes de adquirir algo que "algún día le será útil" o que solo usará "de vez en cuando". Estos objetos ocuparán espacio, habrá que periódicamente limpiarlos, revisarlos y es probable que se conviertan en algo obsoleto e inútil antes de haber prestado algún servicio a su dueño. Sin embargo no se toma la decisión de botarlos a la basura por que todavía esta "nuevecito". No deje que los objetos inútiles le compliquen la vida. No los compre y si ya los compró, bótelos o regáleselo al conserje, al

parqueador, al jefe de mantenimiento, ellos se contentarán... por unos días.

f. Elimine vínculos, puertas electrónicas y compromisos improductivos.

A lo largo de nuestra vida y actividad profesional vamos acumulando una serie de vinculaciones, compromisos y membresías que en su momento fueron útiles, productivas y gratificantes. Pero con el acontecer de los cambios y el transcurrir del tiempo algunas perdieron su justificación y utilidad, pero sin embargo continuamos manteniendo una vinculación que ahora es irrelevante para las actuales exigencias de nuestros roles.

Es necesario armarse de valor y proceder a cortar estos compromisos, membresías, puertas electrónicas y vinculaciones ahora obsoletas o innecesarias y así abrir espacio para otras actividades o vínculos que sean más relevantes para nuevas exigencias.

Es conveniente revisar aspectos como los siguientes:

211

- **Suscripciones** a revistas y a boletines electrónicos que ya no le interesan o que por alguna razón ya no lee, o **redes sociales** que resultan divertidas , pero que no le aportan reales beneficios sociales o profesionales..

- **Direcciones electrónicas múltiples** cuyo único resultado es obligarle a revisar varios buzones al día y recibir más correo "spam" y más envíos de "ciber ociosos". El hecho de que la suscripción a muchos sistemas de correo electrónico sea gratis no implica que deba suscribirse en todos. Son gratis por eso, para captar personas cuyas direcciones van a ser vendidas para envíos comerciales. Concentre todo su correo en una sola dirección y al máximo, cuando sea absolutamente indispensable a dos pero que cada una tenga un so bien definiente e independiente.

- **Múltiples teléfonos móviles**. Usar un teléfono móvil para cada una de las operadoras telefónicas de su localidad es muy práctico si usted tiene un negocio de venta de llamadas, pero en otro caso es un atentado contra su efectividad. Además muchos teléfonos no le van a hacer más feliz, más importante o más rico. Ahora, si usted es corredor de bolsa activo, u otras actividades similares que necesitan contacto instantáneo con muchas personas distintas, está justificado,

- **Membresías** en clubes, asociaciones o grupos a los cuales ya no asiste y no le ofrecen ningún atractivo o beneficio.

- **Tarjetas de crédito o cuentas bancarias** que usa poco. Procure concentrar en una o dos tarjetas sus "operaciones plásticas" y en una o dos cuentas bancarias y así reduzca el papeleo y atención que exigen estas cuentas.

- **Eventos** que ya no le interesan o que ahora le parecen aburridos ¡Deje de asistir!

Eficacia en Síntesis
- Simplificar, simplificar, simplificar, significa dejar de hacer lo innecesario para abrirle espacio a lo necesario.

- Revise sus rutinas domésticas, personales y laborales en búsqueda de lo que pueda dejar de hacer sin consecuencias y ¡déjelo de hacer!

- Evite que sus excelentes cualidades personales pudieran transformarse en defectos "complicadores", tal como ser demasiado ordenado, demasiado sistemático, demasiado puntual, demasiado... demasiado...

- Si no es posible eliminarlo, entonces busque la manera de simplificarlo.

- Elimine o reduzca afiliaciones, suscripciones, direcciones electrónicas, tarjetas de crédito, teléfonos móviles, redes sociales, eventos y en general vinculaciones que ya no se justifican ni agregan valor a sus objetivos personales.

Evaluación Personal

- ¿Revisa sus actividades rutinarias para identificar aquellas que pudieran ser eliminadas, simplificadas o delegadas?

  Con frecuencia ( ) A veces ( ) Nunca, casi nunca ( )

- ¿Dedica tiempo a instruir a sus compañeros de trabajo o de su personal supervisado sobre cómo simplificar sus actividades rutinarias?

  Con frecuencia ( ) A veces ( ) Nunca, casi nunca ( )

- ¿Revisa sus afiliaciones, suscripciones, membresías a revistas, tarjetas de crédito, clubes, direcciones electrónicas, teléfonos móviles o redes sociales, para identificar y eliminar aquellas que ya no son útiles ni placenteras y solo son complicadores inútiles?

  Con frecuencia ( ) A veces ( ) Nunca, casi nunca ( )

Si en sus respuestas a estas preguntas incluyó un "Nunca, casi nunca" querrá mejorar el dominio de la práctica "Simplificar, Simplificar, Simplificar". Use los siguientes espacios para escribir sus aprendizajes y sus compromisos de acción.

¿Qué aprendí, de que me di cuenta?

_____

_____

_____

_____

Mis propósitos.
¿Qué voy a hacer?

_____

_____

_____

¿Cuándo?

_____

_____

_____

_____

¿Alguien de mi entorno será afectado o involucrado?
¿Quién?

_____

_____

_____

_____

_____

¿Necesito algún recurso para ejercitar este hábito? ¿Cuál?

_____

_____

_____

_____

_____

9. Use la Informática... sin Convertirse en Adicto.

La constante evolución de la informática nos brinda una inmensa cantidad de oportunidades de aprovechar mejor nuestro tiempo y mejorar nuestra vida. Continuamente se incorporan al mercado diversos dispositivos, equipos y programas que

217

bien empleados significan enormes posibilidades de aumentar la proporción de **tiempo bueno** en nuestro día.

a. El Computador Personal y el Internet. Como mención a algunas tecnologías sumamente útiles además del carácter indispensable que ha logrado en nuestro tiempo debemos señalar en primer lugar **el computador personal**, que en las casas, las oficinas y en general en la actividad de negocios, es una poderosa ayuda para abreviar la ejecución de actividades profesionales o domésticas. Primero está su grandísima potencia como procesador de textos y de gráficos, lo cual disminuye considerablemente el tiempo de preparación de escritos, gráficos, informes y ayudas visuales para presentaciones orales con resultados de altísima calidad. En segundo lugar esta la conectividad vía Internet ya casi universal que posibilita la adquisición de información para la preparación de informes, proyectos, planes de negocio, compras, ventas y cien opciones más en forma casi instantánea, sin salir de la casa u oficina a consultar bibliotecas, servicios de información o simplemente indagar por esa información con otras personas. Además la posibilidad de comunicación instantánea y bidireccional tipo "Skype" con diversos países, para consultar a colegas, empresas o instituciones agrega una dimensión llena de oportunidades para obtener información valiosa para nuestras actividades en muy brevísimo tiempo.

b. Las Prevenciones a tomar en el aprovechamiento del computador personal y específicamente en la "navegación" a través de Internet, es que su encanto irresistible, su "magia", su "gancho", puede desarrollar cierta adicción que nos haga estar frente al monitor durante mucho más tiempo del realmente requerido para nuestra búsqueda. Si esto es así hay que reflexionar si queremos usar esta opción **como una herramienta o como un pasatiempo**. Si sentimos una gran necesidad de estar en comunicación permanente con amigos y familiares a través del "chateo" electrónico, si esto es lo que deseamos (y es perfectamente válido), debemos entonces sincerarnos y reservar en nuestra semana cierto número de horas para disfrutar de este extraordinario pasatiempo. Necesitará administrar muy bien el tiempo para poder cumplir con las actividades orientadas a los objetivos fundamentales y además abrir ayudarnos apreciablemente en el desarrollo de actividades tanto profesionales como domésticas.

Debemos usar estos avances e incorporarlos en nuestra práctica rutinaria pero teniendo bien presente que ellos han de ser nuestros ayudantes, nuestros servidores y que debemos evitar una dependencia irracional de tales comodidades. Esto último para dejar bien claro que tales tecnologías, equipos o dispositivos son accesorios para alcanzar un objetivo, para cumplir una actividad y no son el fin en sí mismos. La tecnología debe servirnos para eliminar **tiempo malo** y abrir **tiempo bueno** para vivir nuestra misión y lograr nuestros objetivos; la tecnología no es la misión ni los objetivos.

¿Tiene **direcciones electrónicas múltiples** cuyo único resultado es obligarle a revisar varios buzones al día y recibir más correo "spam" y más envíos de "ciber ociosos"?Ya señalamos que el hecho de ser las suscripciones a muchos sistemas de correo electrónico s gratis no implica que deba suscribirse a todos. Por eso son gratis, para "enganchar" personas cuyas direcciones pueden ser vendidas para envíos comerciales. Concentre su correo en una dirección única y al máximo, cuando sea absolutamente indispensable a dos, pero cada una con un uso bien definido e independiente.

Si algunas de las situaciones comentadas ocurren, hay que reflexionar si deseamos emplear esta herramienta como un instrumento de trabajo o como pasatiempo. Si sentimos una gran necesidad de estar frente al computador y en contacto permanente con nuestro amigos a través del "chateo" electrónico o de las redes sociales, si realmente esto es lo que deseamos, debemos entonces sincerarnos y reservar en nuestro día cierto tiempo para disfrutar de este entretenimiento y del contacto social.

Necesitaremos administrar muy bien el tiempo para cumplir las actividades conducentes a los objetivos importantes y además dejar espacio para el goce entretenido del computador.

c. La Telefonía Móvil o Celular nos presenta otra tremenda oportunidad de aumentar nuestra efectividad en el uso del tiempo. La posibilidad de comunicarnos telefónicamente a cualquier parte del mundo desde nuestro automóvil mientras hacemos un viaje de una a otra ciudad, representa un beneficio inapreciable brindado por la telefonía inalámbrica. El tiempo de viaje en automóvil, en trenes, aviones, o en otros sistemas de transporte, que hasta hace poco había sido de muy poca productividad y significaba una desconexión temporal con nuestro centro de actividades o nuestra casa, ahora puede emplearse para avanzar en contactos importantes, hacer llamadas personales, obtener datos de última hora antes de una reunión critica y para mantenernos en contacto con nuestro centro de actividades y supervisar el progreso de proyectos importantes.

La principal clave para el buen aprovechamiento de esta tecnología está en no permitir que se convierta en **un interruptor de otras actividades importantes** y en no desarrollar, al igual que en el caso del computador, una fuerte adicción al teléfono celular o móvil que nos haga mantenerlo encendido todo el tiempo y estar siempre pendiente de llamadas que pueden ser triviales, o llegar al extremo pernicioso de tener dos o más móviles simultáneamente activos y estar pendientes de cual de ellos timbra primero para atenderlo en un milisegundo.

Así pues, el uso de un solo teléfono móvil, el empleo del correo de voz y de mensajes de texto a través de las múltiples opciones de mensajería que existen como alternativas a una llamada y el no encender el teléfono cuando así lo consideremos necesario (por estar en reuniones o en conversaciones importantes o disfrutando de **tiempo bueno**), son al menos tres ideas para evitar el agobio que esta excelente tecnología puede causarnos.

d. Los Teléfonos Inteligentes , con sus casi ilimitadas posibilidades de almacenamiento de información y con su potencial de conectividad que nos comunica con nuestro banco, corredores de bolsa y otros proveedores de servicio, son otros de los muchos dispositivos disponibles para ahorrar tiempo y poder destinarlo a actividades medulares en nuestro plan de vida. Es más, el buen uso de los recursos de los teléfonos inteligentes puede permitir realizar viajes de vacaciones manteniendo   control de los procesos críticos, y que de no ser por estas tecnologías no se habrían podido disfrutar, como le ha ocurrido a muchas personas que nunca, nuca, nunca, toman vacaciones porque su trabajo no se los permite.

Hoy en día la tecnología bien empleada le puede aumentar exponencialmente su libertad y aumentar el **tiempo bueno** de sus días.

Más adelante, en el capítulo destinado a los "**Enemigos externos de su tiempo**", en las secciones correspondientes al manejo del teléfono y del correo electrónico se describen tácticas más específicas y detalladas para evitar el uso contraproducente de estos singulares recursos tecnológicos.

e. Servicios Electrónicos. Muchísimos proveedores de servicios y de bienes han desarrollado sistemas de atención a sus clientes vía electrónica, los cuales deben ser aprovechados extensivamente.

Así por ejemplo, **la** banca electrónica debe ser aprovechada al máximo para poder realizar todas nuestras operaciones, desde el computador o del teléfono inteligente, por complejas que sean, sin necesidad de ir a un banco y malgastar tiempo en espera de ser atendido.

En general, debe aprovecharse toda oportunidad que exista para realizar electrónica y remotamente toda transacción   bancaria, bursátil, comercial u oficial. **Jamás, jamás, jamás use tiempo bueno haciendo filas frente a las taquillas de servicio.**

La idea primordial a tener presente es que el adecuado uso de los avances tecnológicos debe ayudarnos a hacer más rápidamente las actividades de nuestro plan diario, y también para poder eliminar muchas de ellas.

*Busque aumentar el tiempo disponible para lo esencial, para lo verdaderamente importante, es decir, incrementar el **tiempo bueno.***

Eficacia en Síntesis

- La tecnología debe servirnos para vivir nuestra vida, lograr la misión y alcanzar nuestros objetivos; la tecnología no es la misión ni los objetivos.

- Identifique y separe el tiempo que le dedicará a "navegar" como medio para cumplir su rol económico (laboral) del que empleará como entretenimiento, y entonces reserve tiempo para ello.

- Controle su teléfono móvil y no deje que él lo controle a usted.

- Use al máximo la tecnología que los proveedores de bienes y servicios le ofrecen, aproveche todas las posibilidades de las transacciones virtuales para liberar tiempo para otras actividades medulares.

- No se apegue demasiado a una tecnología que le es útil y amigable. Pronto vendrá otra superior y tendrá que cambiar.

- Recuerde: No siempre lo más complejo es lo más efectivo.

Evaluación Personal

- En su rutina diaria, ¿usa adecuadamente las tecnologías actualizadas que le permiten ser más eficaz?

  Con frecuencia ( ) A veces ( ) Nunca, casi nunca ( )

- ¿Usted controla y gobierna el tiempo que dedica al teléfono móvil, al correo electrónico, a la "navegación", a las redes sociales y al uso de otros recursos tecnológicos similares y no permite que éstos le controlen a usted?

  Con frecuencia ( ) A veces ( ) Nunca, casi nunca ( )

Si en sus respuestas a estas preguntas incluyó un "Nunca, casi nunca" querrá mejorar el dominio de la práctica "Usar la Tecnología... pero sin Convertirse en Adicto". Use los siguientes espacios para escribir sus aprendizajes y sus compromisos de acción.

¿Qué aprendí, de que me di cuenta?

_____

_____

_____

_____

Mis propósitos.
¿Qué voy a hacer?

_____

_____

_____

¿Cuándo?

_____

_____

_____

_____

_____

¿Alguien de mi entorno será afectado o involucrado?
¿Quién?

_____

_____

_____

_____

¿Necesito algún recurso para ejercitar este hábito? ¿Cuál?

_____

_____

_____

_____

10. Use Eficazmente su Espacio de Trabajo

"Después del perro, el mejor amigo del hombre es la papelera"

B.C. Forbes

La manera como disponemos y usamos nuestro espacio de trabajo está determinado principalmente por hábitos fuertemente arraigados en nuestro inconsciente. Por eso es necesario revisarlos porque allí hay grandísimas oportunidades de aumentar nuestra eficacia.

Hacer efectivo el espacio de trabajo no significa tener el escritorio, las estanterías y el archivo como si pertenecieran a un museo, sin un sólo papel sobre la mesa; con un portalápices con plumas y lápices de un mismo tamaño y color perfectamente ordenados; con estanterías llenas de libros del mismo color; ordenados en perfecta secuencia, un cesto de papeles limpio y vacío, y así sucesivamente. Esta escena existe en tres situaciones: los museos donde se exhiben las oficinas de presidentes fallecidos; en producciones cinematográficas y también en las exhibiciones de muebles. En la vida real y en el mundo de los negocios la mayoría de las oficinas no son así.

Si su oficina es como la descrita, y parece una exhibición de muebles no siga leyendo, pues no hay nada nuevo que decirle. Si por el contrario su espacio de trabajo está lleno de papeles, sus estantes no ganarían ningún concurso de bibliotecología, sus archivos están sin actualizar, además se le pierden documentos y tiene que hacer demasiadas copias de todo, entonces siga leyendo, pues hay algunas ideas que puedan conformar un sencillo hábito de usar y mantener efectivo su espacio.

Una idea fundamental es que la organización del espacio de trabajo no significa lo mismo para todas las personas y cada quien puede encontrar la manera de ser productivo en su espacio a pesar de no parecer una exhibición de mueblería.

a.   **Para Ganar la Batalla con los Papeles**

Tenga presente que el principal elemento a controlar en su espacio de trabajo son los papeles, físicos o virtuales. Si encuentra la manera de manejarlos bien, habrá ganado una gran batalla de productividad. Dentro de este concepto del manejo de los papeles es obligatorio recordar una célebre regla de Alan Leiken: "Maneje cada papel una sola vez". Cuando tomamos en la mano un papel hay que hacer algo de valor agregado con él. Volverlo a colocar en la mesa o en la bandeja, leerlo en el correo electrónico y no hacer nada, no agrega valor .Pero, hacer una nota para que se archive, se pase a otra persona, redactar una respuesta corta, o simplemente tirarlo al cesto de papeles, son opciones que agregan valor, pues se le ha dado un impulso, o bien la muerte, a ese papel (físico o virtual) , el cual ya no volverá a estar moviéndose de un lado a otro del escritorio. **Use la papelera sin miedo.**

Desarrollando esta idea pueden señalarse los **cinco grandes movimientos** que se le pueden imprimir a un papel entrante a su escritorio o a su computador.

- **Primer movimiento: al llegar procesarlo inmediatamente.**
  Hacer los cálculos, redactar lo necesario, agregarlo con otros papeles, en fin atender de inmediato el requerimiento agrega valor a ese documento.

- **Segundo movimiento: moverlo hacia adelante o hacia atrás.**
  Enviarlo a alguien que pueda agregarle más valor (movimiento hacia adelante) o simplemente devolverlo (movimiento hacia atrás) por estar incompleto, insuficiente o bien por no corresponder a su caso.

- **Tercer movimiento:**

Archivarlo temporalmente.

Puede archivarlo, ponerlo a un lado, para procesarlo en otro momento cuando disponga de la información requerida. También puede ser diferido más precisamente para un día y hora determinada cuando dispondrá del tiempo e información necesarios.

* **Cuarto movimiento:**

Archivarlo permanentemente.

Si se trata de papeles que no requieren acción inmediata, los cuales pueden ser útiles más adelante, o bien por constituir parte de un expediente o caso que está en proceso, entonces páselos a un archivo permanente, físico o electrónico.

* **Quinto movimiento: haga un homenaje a Michael Jordán.**

Convertirlo en una bola de papel y tratar de "encestarlo" en la papelera. Esto puede hacerse más retador y divertido si coloca la papelera en el otro extremo de la oficina. Es evidente que hay cierta cantidad de papeles que sólo sirven para botarlos y hay que estar conscientes de ello y aprender a botar los papeles inútiles. Si el papel podría tener alguna utilidad presente o futura, entonces no lo "enceste", use uno de los primeros cuatro movimientos.

b.   Simplificar Archivos Físicos y Electrónicos.
Otras sencillas y útiles sugerencias para incrementar la productividad de su espacio de trabajo son las siguientes, referidas al manejo de los archivos.

• **Tenga bien claro la diferencia entre "recuerdos personales" y "archivo".**
Los primeros tienen una finalidad y un tratamiento muy diferente a los de archivo y corresponden más al estilo personal que cada quien desee para sus "recuerdos"

• **Prepare su propio sistema de archivo.**
-Defina un sistema de clasificación que se aplique tanto al archivo temporal como al permanente. Consulte las técnicas clásicas de codificación de archivos y adáptelas a su estilo, a

su tipo de trabajo, a su movilidad y su conveniencia.

-Use carpetas de distintos colores para identificar visual y rápidamente ciertos archivos de uso frecuente.

-Evalué usar el sistema de 31 carpetas; una para cada día del mes, donde pueda colocar temporalmente papeles que serán atendidos ese día, respuestas esperadas para esa fecha, o soporte para reuniones con fecha. Cada mañana revise en la carpeta correspondiente lo que está guardado allí. El sistema se complementa con 12 carpetas para los meses, para aquellos asuntos más distantes en el tiempo. Comparta el sistema con sus relacionados en el trabajo para que lo comprendan y contribuyan con él

-Estas ideas son también válidas para los archivos computarizados personales o de su trabajo, pero habrá que adaptarse al sistema general de archivo electrónico que tenga la empresa.

Como orientación se presentan ejemplos de estructuras de archivos.

Para un archivo de trabajo:
- *Clientes*
- *Proveedores*
- *Casos en curso*
- *Proyectos.*
- *Tareas para atender: cartas, memos, solicitudes.*
- *Ideas a investigar o consultar.*
- *Autodesarrollo, artículos, lecturas.*
- *Información general por temas.*

Para un archivo personal o doméstico:
- *Ingresos personales.*
- *Gastos personales*
- *Bancos.*
- *Seguros.*
- *Cuentas por pagar.*
- *Servicios públicos.*
- *Casa o apartamento*
- *Impuestos.*

- *Automóviles*
- *Garantías de equipos*
- *Seguros.*
- *Salud.*
- *Documentos legales.*
- *Documentos familiares.*
- *Correspondencia*
- *Recuerdos.*

- **Use la regla del 1x1**

  Use la **regla del1x1**, la cual manda que por cada nueva hoja archivada deba retirarse otra para eliminarla y botarla.   La regla 1x1 facilita el control del tamaño del archivo al ir descartando los papeles más antiguos o aquellos que ya no tienen utilidad. Usando esta regla sus archivos **jamás crecerán**, se mantendrán en tamaño manejable. **Si usted es más atrevido puede usar la regla 1x2, la cual en cierto tiempo llevará sus archivos a cero.**

c. **Tenga Lugares Definidos en su Espacio de Trabajo.**

Defina los espacios para papeles entrantes, salientes, archivo temporal. Tenga también lugares fijos para los utensilios básicos de su oficina. Procure tener a mano, en lugares fijos y cercanos, las cosas que más utiliza y más distantes las otras.

Eficacia en Síntesis

- El uso eficaz de su espacio de trabajo no significa convertirse en un maniático del orden. Es el lugar de encuentro de su estilo personal con los hábitos más eficaces.

- Controle los papeles, físicos o virtuales, No deje que ellos le controlen a usted. Procéselos de inmediato. No se quede con ellos a menos que sean absolutamente necesario. Muévalos, hacia "atrás", "hacia delante", archívelos o bótelos.

- Use la papelera sin miedo. Tenga presente la reflexión de B. C. Forbes: "Después del perro, el mejor amigo del hombre es la papelera".

- Defina su sistema de archivo físico y electrónico. Procure que sea sencillo y que funcione.

- Use la regla del 1x1. Cuando guarde un nuevo papel, bote uno viejo.

Evaluación Personal

- ¿Emplea cierto tiempo arreglando su oficina y sus papeles pero siente que todavía no está adaptada a su estilo de trabajo?

  Con frecuencia ( )   A veces ( )   Nunca, casi nunca ( )

- ¿Siente dudas de botar ciertos papeles o borrar algunos archivos electrónicos, porque quizás puedan serle útiles en algún momento futuro?

  Con frecuencia ( )   A veces ( )   Nunca, casi nunca ( )

- ¿Al buscar papeles o información en su espacio de trabajo consume mucho tiempo para localizarlos o no los encuentra?

  Con frecuencia ( )   A veces ( )   Nunca, casi nunca ( )

Si su respuesta fue una de las dos primeras opciones seguramente querrá mejorar   el

dominio de Usar Eficazmente su Espacio de Trabajo. Use los siguientes espacios para escribir sus aprendizajes y sus compromisos de acción.

¿Qué aprendí, de que me di cuenta?

_____

_____

_____

_____

_____

Mis propósitos.
¿Qué voy a hacer?

_____

_____

_____

¿Cuándo?

_____

_____

_____

¿Alguien de mi entorno será afectado o involucrado? ¿Quién?

_____

_____

_____

_____

_____

¿Necesito algún recurso para ejercitar este hábito? ¿Cuál?

_____

_____

_____

_____

_____

Más Tiempo Bueno, Menos Tiempo Malo

CAPITULO IV

COMO CONTROLAR LOS ENEMIGOS EXTERNOS DE SU TIEMPO

Además de los hábitos, existen otros factores que influyen en nuestra eficacia. Son externos y esencialmente están asociados a nuestra relación con otras personas.

De aquí en adelante desarrollaremos estrategias para movernos con eficacia y elegancia en un entorno donde existen muchos factores que directamente deterioran nuestros mejores esfuerzos para ser eficaces. Estos son los llamados **"Enemigos Externos"** de nuestro tiempo. Como no siempre podemos evitarlos, ni eliminarlos totalmente, entonces lo inteligente es desarrollar estrategias para manejar, administrar, o eventualmente evitar estas situaciones generadoras de **tiempo malo**.

Seis grupos de estrategias conforman el equipamiento fundamental para controlar los **"Enemigos Externos"** de quien esté desarrollando un programa de **eficacia personal**.

El **primer grupo** se refiere al delicado asunto del manejo de las solicitudes recibidas de otros para hacer cosas que quizás no nos corresponden o no podemos atender. Es decir, están relacionados con nuestro manejo del "si" y del "no".

El **segundo grupo** se ocupa de un conjunto de técnicas para prevenir la pérdida de tiempo causada por trabajo defectuoso, o retardado, realizado por otros, y de cómo mejorar la calidad esperada de ese trabajo.

El **tercer grupo** de estrategias se refiere al manejo del teléfono, tanto para la recepción como para emisión de llamadas. Este factor, si no es bien administrado puede convertirse en un impertinente interruptor de nuestras actividades.

El **cuarto grupo** de estrategias se relaciona con el manejo de las interrupciones causadas por los visitantes improductivos e inesperados, los cuales pueden representar una muy grande pérdida de tiempo bueno.

El **quinto grupo** analiza las reuniones o juntas de trabajo como situaciones de pérdida colectiva de tiempo y se plantean sencillas y efectivas técnicas para evitar y vencer tales factores de improductividad.

El **sexto y último grupo** de recomendaciones estratégicas trata del manejo de las diferentes clases de esperas a las cuales estamos expuestos dentro de la contemporánea vida urbana.

1. **Sepa Cuando Decir "No" y Cuando Decir "Si".**

Eran las 6:00 a.m. cuando Jairo entró en su oficina. Había llegado bien temprano porque quería sacar todo el trabajo pendiente que se

había estado acumulando en su escritorio y también terminar de una vez el informe del proyecto "Cronos". Encendió la luz y comenzó a revisar los papeles pendientes. Cuando leyó el primer "memo" se dio cuenta de que no podía ocuparse de él hasta que llegara un compañero de trabajo. Lo puso a su lado y continuó con el siguiente; este asunto podría utilizarlo para el proyecto "Piscis" en el que estaba trabajando y cuyo informe quería comenzar pronto, por lo que fue al piso de abajo y sacó una fotocopia, pero esto le tomó algún tiempo pues la maquina estaba apagada y debía esperar que estuviera lista..

Luego encendió su computador y se dispuso a revisar el correo electrónico. Mientras leía los muchos mensajes y correspondencia, se encontró con uno de interés especial y se enfrascó en él. Ya empezó a repicar su teléfono y en ese tiempo recibió siete llamadas personales y cinco mensajes de texto, todos las cuales atendió cortésmente. Se sorprendió al ver que comenzaban a llegar sus compañeros y que ya casi eran las 9 a.m. Puso con rapidez en una esquina del escritorio los papeles sin atender y buscó el expediente del proyecto "Cronos", cuyo informe tenía que entregar al otro día, pero que todavía requería mucho trabajo por hacer. Mientras abría el expediente, Carlos y Ángel se detuvieron y lo invitaron a que fuera con ellos por un café. Jairo pensó que bien podía tomarse unos minutos. Tanto Carlos como Ángel estaban ansiosos por contarle los detalles del juego de béisbol al que habían asistido la noche anterior. Antes de que Jairo se diera cuenta, habían transcurrido 30 minutos; regresó a su oficina de inmediato.

Cuando entraba a la oficina, sonó el teléfono. Era el gerente, el señor Carlos Matos. Había una reunión programada para las 10:00 a.m. y quería saber si él podría asistir en su lugar; había en agenda un asunto que interesaba al Departamento. Jairo miró su reloj, eran las 9:40 a.m. no había tiempo para comenzar a trabajar en su informe, por lo que dejó a un lado el expediente "Cronos". Se fue a la reunión y se propuso firmemente comenzar el informe inmediatamente después del mediodía.

La tarde no fue mejor. Recibió en su móvil seis llamadas personales y ocho mensajes de texto, todos los cuales

247

atendió y respondió diligentemente. Luego lo invitaron a una reunión para seleccionar el modelo de tarjeta que enviaría la empresa a sus clientes en las navidades, lo cual le tomó una hora. Algunos visitantes inesperados, varias llamadas telefónicas a proveedores para asegurar el envío de suministros importantes, un par de "mails" solicitando cotizaciones, y el día había terminado.

No tuvo las horas que quería dedicarle al proyecto "Cronos" que debía entregar al día siguiente. Mientras metía papeles en su maletín para terminar el informe en su casa, se preguntaba cómo era que Carlos y Ángel podían ir a los juegos de béisbol. Este día tampoco podría ir al odontólogo, ni comprar el CD que le había prometido a su hijo Alfonso.

Si usted es como Jairo, y no usa una lista racional de lo que va a hacer en el día y además acepta irreflexivamente todas las actividades, requerimientos y compromisos que otros le solicitan o exigen, seguramente se sobrecargará de cosas a tal punto que no podrá atenderlas con el nivel de calidad adecuado, ni en la oportunidad precisa.

Si usted tiene el hábito de aceptar todo cuanto le pidan, sin evaluarlo respecto a sus objetivos laborales y personales, es muy posible que sea muy popular y muy simpático en su comunidad laboral o social. Ellos estarán felices porque tienen a quien desviar parte de sus propios compromisos y a quien pedir ayuda para cualquier cosa. Pero... la otra cara de esta moneda no es tan amable. Posiblemente por sobrecargase de compromisos ajenos, o de poca importancia, no podrá atenderlos bien, algunos no serán atendidos, no podrá cumplir ciertos lapsos, la calidad no siempre será la misma y como producto final algunas personas quedarán insatisfechas y ya no pensarán que usted es tan simpático y tan útil. Su imagen popular de ser el gran colaborador comenzará a declinar en la medida que no consiga contentar a todos. Pero lo verdaderamente grave, tal como le ocurre a Jairo, es que habrá descuidado sus **propios objetivos**, tanto en lo profesional, como en lo personal y familiar. Usted estará fuera del camino y hasta es posible que no haya tenido tiempo de pensar en él, ni en plantearse objetivos, porque ha pasado el tiempo diciendo irreflexivamente "sí" a todas las exigencias, aún cuando no le correspondan.

Afortunadamente, no todos los casos son tan graves como el de Jairo. Muchas personas atienden sus propios asuntos razonablemente bien, pero les resulta difícil, incómodo, decirle "no" a una solicitud de atender algo que realmente no le corresponde, y por decir muchos "sí" se causan perturbaciones en sus planes. Si esto es recurrente la profundidad de la perturbación aumentará a niveles críticos. A menos que consciente y seriamente se haya planteado como su misión en la vida el ayudar en el trabajo a los demás, usted debería manejar inteligente y asertivamente el "no" y el "sí".

Para el buen desarrollo de esta singular práctica hay dos aspectos necesarios de clarificar; saber **cuándo** y saber **cómo**.

a. **Cuando decir "No"**

Hay por lo menos seis situaciones genéricas en las cuales la respuesta asertiva frente a un requerimiento es un "no";

- **Primera**. Cuando lo que le piden hacer implica la violación de alguna ley, norma, procedimiento, reglamento o bien es contrario su ética, a sus principios.

- **Segunda**. Cuando lo solicitado supone riesgos para la salud o la integridad física, tanto suya como de cualquiera otro. También cuando se pone en peligro la conservación de activos, documentos, valores.

- **Tercera**. Si usted no está calificado profesional o técnicamente para ejecutar lo que se le pide, debe decir "no". De lo contrario sería irresponsable aceptar el encargo ya que no se garantizará la calidad del resultado.

- **Cuarta**. Una de las más poderosas razones para no aceptar un requerimiento es cuando no se está disponible. Si usted estará completamente ocupado en otras actividades importantes y prioritarias, lo razonable es no aceptar compromisos adicionales.

- **Quinta**. Cuando lo solicitado no corresponde al marco general de sus actividades laborales, o no encaja dentro de sus responsabilidades y además están disponibles otras personas a quienes si les corresponde, no hay duda que no debe aceptarse el requerimiento.

- **Sexta**. Si no existe ninguna de las anteriores razones, pero lo que solicitan significará una importante desviación de sus propios objetivos laborales o personales, usted debe decir "no" asertivamente. De lo contrario estaría dejando de atender a sus prioridades fundamentales. Ahora, tal como antes se analizó, si su misión en la vida es ser útil a los demás, servir a la comunidad, hacer el trabajo de otros, ganar simpatías, entonces debe decir "sí", porque así estará cumpliendo su papel en el mundo.

b. Cómo decir "No"

La otra parte del ejercicio de esta práctica es saber "**como**" decir "**no**", pues la mayoría de las personas sienten alguna molestia, disgusto o rechazo cuando reciben esta respuesta a sus requerimientos. Por eso es necesario tener en tener en cuenta alguna de estas dos recomendaciones.

Primera. Quizás lo fundamental para que el "**no**" afecte lo menos posible nuestras relaciones con el entorno social, es estar firmemente convencidos del sólido fundamento de nuestra respuesta, para poder ser asertivos y corteses al mismo tiempo.

La respuesta ha de tener buen contenido, debe estar basada en razones por las cuales no se acepta el compromiso. Enunciar clara y cortésmente esas razones es una evidencia de asertividad y de respeto hacia el otro, pues se le está explicando sensatamente la negativa.

¿Cuáles razones emplear en la respuesta?: Muy sencillo cualquiera de las seis situaciones ya analizadas en el "**cuándo**" decir no.

Vea estos ejemplos de aplicación de las razones antes señaladas para decir "**no**":

- Explicar lo importante de la actividad que actualmente ocupa su tiempo y las consecuencias de dejar de hacerla o de interrumpirla.

- Señalando a otra persona que está mejor calificada o disponible para hacer lo solicitado.

- Explicando al requirente las consecuencias negativas o inconvenientes de acceder a lo solicitado.

- Señalando una fecha posterior o lejana en la cual uno estará disponible para hacer lo solicitado.

Segunda. Por otra parte, es muy conveniente no iniciar la respuesta con la palabra "**no**" y eludir, hasta donde sea posible su empleo. De esta manera se puede decir "**no**" sin utilizar el negativo, suavizando así mucho la respuesta.

De esta forma se podría decir "no" sin pronunciarlo, de manera asertiva, cortés, con razones poderosas y fáciles de entender.

c. **Cuándo decir "Sí"**

¿Cuándo decir "si" a algún requerimiento?; ¿Cuándo aceptar una actividad, una responsabilidad, una misión?

La primera razón: cuando lo solicitado es parte de su trabajo, de su obligación familiar o comunitaria. En estos casos también debe decir "**sí**".

La segunda razón se corresponde a las situaciones recíprocas de las antes comentadas. Si no hay violación de normas o leyes; si no existe riesgo alguno para personas o cosas; si usted está calificado para hacerlo; si está disponible, es decir, si tiene el tiempo para ello; puede decir "**sí**".

La tercera razón: si lo solicitado contribuye al logro de sus objetivos, naturalmente también debe decir "**sí**". Así estará dando sentido proactivo a su tiempo **bueno**.

> - *Saber cuándo decir "no" es reflexionar al recibir un requerimiento que se sale de lo que corresponde a su responsabilidad profesional, laboral, familiar.*
>
> - *Saber cuándo decir "no" es tener el poder personal de escoger nuestra respuesta entre un "sí" y un "no".*
>
> - *Saber cuándo decir "no" supone desarrollar su asertividad para que estas negativas no resulten agresivas o hirientes y sean aceptados por estar bien fundamentadas.*

Eficacia en Síntesis

- Si acepta sin pensar todos los requerimientos y compromisos que otros le solicitan se sobrecargará de actividades al punto de no poder atenderlos adecuadamente... y desatenderá lo verdaderamente importante para Ud.

- Recuerde que al menos hay seis situaciones genéricas en las cuales la respuesta apropiada es "no". Téngalas presente.

- Se puede decir "no" sin mencionar esa palabra y sin molestar al otro. Practique.

- Cuando tenga que decir "sí", hágalo con entusiasmo y... ¡cumpla el compromiso!

Evaluación Personal

- ¿Ante una solicitud o pedimento prefiere decir "sí" para no molestar a la persona o para quedar bien, a pesar de estar seguro de que no le corresponda a usted, o de no poder cumplir satisfactoriamente?
  Con frecuencia ( ) A veces ( ) Nunca, casi nunca ( )

- ¿Siente que no puede completar sus actividades y su lista diaria porque ha estado desarrollando encargos que otros le solicitaron y no pudo negarse a aceptar?
  Con frecuencia ( ) A veces ( ) Nunca, casi nunca ( )

- ¿Sus compañeros de trabajo y otras personas opinan que sus   negativas son muy duras y cortantes?

  Con frecuencia ( ) A veces ( ) Nunca, casi nunca ( )

Si su respuesta fue una de las dos primeras opciones seguramente querrá mejorar el dominio del "No" y del "Si", use los siguientes espacios para escribir sus aprendizajes y compromisos de acción.

¿Qué aprendí, de que me di cuenta?

_____

_____

_____

_____

Mis propósitos.
¿Qué voy a hacer?

_____

_____

_____

¿Cuándo?

_____

_____

_____

_____

_____

¿Alguien de mi entorno será afectado o involucrado? ¿Quién?

_____

_____

_____

_____

_____

¿Necesito algún recurso para ejercitar este hábito? ¿Cuál?

_____

_____

_____

_____

_____

2. Prevenga el Trabajo Defectuoso de Otros.

El trabajo defectuoso origina
errores, retrasos, "retrabajo",
disgustos y también muchos
problemas   interpersonales
dentro de una organización.
Ya   éstas   son   razones
suficientemente importantes para evitarlo.

En el Capítulo III, "**Cómo vencer el Enemigo Interno
de su tiempo**", se desarrollaron una serie de conceptos
para que nuestro trabajo sea bueno desde la primera
vez, evitando así la necesidad de agregarle **tiempo
malo** en una posterior corrección o reprocesamiento.
Ahora abordaremos la otra cara de esa moneda: el
trabajo defectuoso realizado por otros, y que entorpece
nuestras actividades y por consiguiente aumenta
nuestro **tiempo malo**.

Para evitar recibir trabajo incompleto, defectuoso o
retrasado de las personas de su entorno laboral o
profesional, es necesario emplear varias tácticas, las

cuales pueden reducir dramáticamente la cantidad de trabajo defectuoso recibido.

Las **6 tácticas principales** son éstas:

- **Primera**. Seleccione a la persona adecuada para realizar el trabajo o actividad. Esta sencilla y poderosa idea es fundamental para asegurar la calidad del producto, trabajo o servicio solicitado. Si se encomendará la tarea a un empleado, piense bien a cual le asignará la tarea para obtener el resultado deseado.

Cuando se trata de un servicio a contratar, debemos evitar que con la idea de ahorrar dinero seleccionemos personal o empresas sub calificados para una función, o convenir servicios con técnicos, artesanos o contratistas "baratos", cuyos resultados son inferiores a los requeridos. Esto casi seguramente originarán "retrabajo", y lo peor, demoras en la actividad siguiente. En fin de cuentas, resulta mucho más costoso el servicio "barato" que aquel un poco más caro pero con mayores probabilidades de alcanzar el nivel de calidad exigido.

- **Segunda**. Adiestre al personal a su cargo en la correcta ejecución de labores críticas; comparta con ellos los conceptos y parámetros de calidad requeridos, escuche sus ideas y sus necesidades de formación para que pueda proveerles el adiestramiento conveniente. Toda inversión realizada en mejorar las habilidades y destrezas de su personal la recuperará en tiempo y en calidad de trabajo.

- **Tercera**. Suministre instrucciones claras, precisas, detalladas y si es necesario por escrito. Además, en el proceso de dar instrucciones asegúrese de su clara comprensión por parte de la otra persona. No basta preguntar ¿está claro? Es necesario utilizar las técnicas de comprobación de la escucha para cerciorarse de la correcta comunicación. Esto es básico para el éxito de la actividad solicitada.

- **Cuarta**. Si es necesario, por la complejidad de la tarea, haga verificaciones intermedias que permitan detectar cualquier problema antes de que crezca y así poder hacer los correctivos a tiempo.

- **Quinta**. Nunca, nunca, nunca, rehaga usted mismo el trabajo defectuoso de otros; regréselo con las indicaciones precisas y claras de las correcciones necesarias. Usted puede pensar que resulta más rápido corregirlo que esperar las correcciones del otro. Puede ser cierto en algunas circunstancias, pero si lo hace una y otra vez, su personal se acostumbrará a continuar en ese bajo nivel de calidad y no se esmerará en superarlo.

- **Sexta**. La última recomendación es quizás la más útil, pero también la menos usada: premiar y reconocer el trabajo bien hecho. Los beneficios de esta costumbre son bastante evidentes y naturalmente contribuyen en el mediano plazo a elevar los niveles de calidad del trabajo.

Eficacia en Síntesis

- Resulta doloroso incrementar nuestro **tiempo malo**, reprocesando nuestro propio trabajo defectuoso, pero mucho más doloroso es cuando esto ocurre por el trabajo defectuoso o descuidado de otros. La interdependencia de nuestros sistemas productivos o profesionales nos expone a diario al trabajo mal hecho o incompleto de los demás. Usted debe prepararse para manejar esta realidad sin amargarse la vida.

- Seleccione bien, sin ahorros necios, la persona o equipo en quien delegará o encomendará la realización de actividades complejas y delicadas.

- Adiestre lo mejor posible al personal que le rodea, especifique parámetros de calidad, suministre instrucciones claras, haga verificaciones intermedias, nunca rehaga el trabajo defectuoso: devuélvalo.

- Aprenda a premiar el trabajo bien hecho, para que se siga haciendo así...

Evaluación Personal

- ¿En su actividad está expuesto a recibir trabajo defectuoso realizado por otros, y esto le afecta en su eficacia?

  Sí ( )   No ( )

- ¿Cuando recibe trabajo defectuoso realizado por otros, Ud. mismo lo corrige; pensando que eso es más rápido que devolverlo y pedir que lo rehagan?

  Sí ( )   No ( )

Si respondió "sí" por lo menos a una de las dos preguntas, ¿Cuál de las tácticas descritas puede usar?

_____

_____

_____

_____

¿Qué aprendí, de que me di cuentaen relación a la prevención del trabajo defectuoso de otros?

_____

_____

_____

_____

Mis propósitos.
¿Qué voy a hacer?

_____

_____

_____

¿Cuándo?

_____

_____

_____

¿Alguien de mi entorno puede ser afectado o involucrado? ¿Quién?

_____

_____

_____

¿Necesito algún recurso para manejar esta estrategia? ¿Cuál?

_____

_____

_____

3. Controle Productivamente el Teléfono y el Correo Electrónico.

¿Sabe cuánto de su tiempo útil usa diariamente en el teléfono? ¿El 10 %, el 20 %, el 30%, el 40 %...? Es una pregunta difícil de responder, pero que lo inducirá a alguna reflexión sobre el uso de su tiempo con el teléfono. Pero hay otra pregunta más cruda e inquietante ¿Conoce cuál es la productividad de ese tiempo?

Resulta difícil imaginar cómo serían nuestras actividades si no existiera el teléfono. Igualmente inimaginable sería el funcionamiento de los negocios, del gobierno y de todo el quehacer del hombre sin la existencia de este utilísimo medio de comunicación a distancia. La contribución del teléfono al desarrollo de la economía y todas las actividades de la sociedad es tan grande que no puede ser ni siquiera estimada. El teléfono ha sido un forjador protagónico del mundo contemporáneo.

Pero todos los méritos del teléfono no lo relevan de su responsabilidad como **gran interruptor**, condición que con la popularización de los teléfonos móviles ha alcanzado niveles aún mayores, casi de calamidad.

El teléfono y su característico timbre es un elemento omnipresente en nuestra civilización. Por eso su manejo productivo debe ser una estrategia clave en un programa de administración del tiempo y **eficacia personal**.

El uso productivo del teléfono tiene dos lados: **recepción de llamadas y emisión de llamadas.** El primer aspecto es el más crítico, y lo analizaremos de inmediato.

a.   **Manejo de Llamadas Entrantes**

Las recomendaciones son muy similares a las que más adelante veremos para los visitantes inesperados. Ambas tienen relación con el **nivel de accesibilidad** deseado, el cual puede ir desde la total accesibilidad telefónica, la cual se caracteriza por informar sus números telefónicos a todos sus relacionados y además atender personalmente el teléfono en cualquier hora y circunstancia, hasta la completa inaccesibilidad en la cual no informa sus números telefónicos y no atiende personalmente las llamadas.

Seguramente usted deseará ubicarse en un nivel intermedio entre ambos extremos pero no debe sentirse mal y desarrollar un complejo de culpa por desear controlar las llamadas que recibe.

Nadie espera que un cirujano interrumpa una operación quirúrgica para atender una llamada; tampoco un sacerdote interrumpe una misa o un funeral porque alguien le telefonea; igualmente un atleta no sale de una competencia para responder una llamada inesperada. Asimismo usted tiene que adquirir conciencia de la importancia de las actividades que está realizando en ciertos momentos. Piense que lo que está haciendo y es tan importante como una cirugía, una misa o una competencia deportiva.

> *Valorice su tiempo y su actividad; decida cuándo debe atender el teléfono.*

Las técnicas para administrar el **nivel de accesibilidad telefónica** apropiado a sus objetivos y tipo de actividad, son primordialmente las siguientes:

- **Filtro telefónico "inteligente"**. Está técnica está relacionada principalmente con el uso del teléfono en la oficina o lugar de trabajo, y requiere disponer de alguna persona que atienda sus llamadas y las "filtre" inteligentemente en base a criterios previamente definidos.

  Naturalmente también supone no tener "teléfono móvil directo" para llamadas de "confianza", pues en poco tiempo ese número se hace muy popular y conocido, se transforma en un impertinente interruptor, y entonces tiene que buscar otro teléfono "privado", y así sucesivamente.

  La "inteligencia" del filtro también debe alcanzar a la naturaleza de las excusas o explicaciones dadas a quienes llaman. Frases tales como: "el Sr. Gambino se encuentra en una reunión muy importante", y explicaciones parecidas suenan poco convincentes y siempre molestan a quien

270

llama. Es indispensable manejar explicaciones verdaderas, creíbles con mucha cortesía y elegancia para no ofender la inteligencia de quien llama.

- **Filtro electrónico**. En caso de no disponer de asistente personal, los contestadores automáticos, los sistemas de "correo de voz" y opciones equivalentes de la telefonía contemporánea, ofrecen una práctica y económica opción para "filtrar" sus llamadas.

Tenga bien presente que la adecuada confección del mensaje de "salida" en el sistema de contestador será muy importante para estimular a la persona que llama a dejar un mensaje claro y preciso, que usted pueda entender, procesar y contestar.

El nivel de accesibilidad telefónica que usted adopte será la medida para saber en cuales momentos debe usar el "filtro electrónico" y en cuales deberá atender las llamadas.

- **Cuidado con la "telefonomanía".** Esta manía puede poco a poco y silenciosamente apoderarse de nuestros hábitos de manejo del teléfono.

  La **"telefonomanía"** se manifiesta con varios síntomas. El principal es la angustiosa necesidad que alguien puede sentir de tener varios teléfonos. Así se llega al caso, bastante común, de tener en la oficina el teléfono de la empresa, además un segundo aparato con el carácter de "directo" o "privado" y adicionalmente disponer de uno o más teléfonos móviles permanentemente encendidos. La probabilidad de que en cualquier momento uno de los varios teléfonos esté repicando es muy alta y la probabilidad de que mientras esté hablando por uno de ellos repique otro de los teléfonos es directamente proporcional a la importancia de la primera llamada.

  Usar varios teléfonos puede justificarse sólo en algunas raras situaciones, y en el ejercicio de profesiones muy especiales, tales como servicios de bomberos, ambulancias, corredores de la bolsa, políticos en campaña, servicio al cliente, vendedores, y algunas otras especiales ocupaciones que requieran un elevadísimo nivel de exposición y accesibilidad telefónica. En cualquier otra situación lo recomendable es tener un sólo teléfono abierto.

- **Responda las llamadas diferidamente**. Todo lo dicho sobre "filtros" telefónicos tiene sentido solamente si usted realmente piensa responder las llamadas en un momento más conveniente, y efectivamente lo hace. Ahora, si usted no desea responder las llamadas entonces no engañe a quienes le llaman y dejan un mensaje grabado en la creencia que serán atendidos más tarde. Es necesario recordar un concepto fundamental de este libro, cual es "**somos interdependientes**". Invitar a quienes le llamen a dejar un mensaje grabado con la promesa de ser atendidos posteriormente y no contestar nunca esas llamadas es un acto descortés que deja muy mal sabor en quienes confiadamente grabaron sus mensajes. Igualmente rudo e irrespetuoso es contestar sólo cuando la persona deja un segundo o tercer mensaje.

Hay que estar muy claros en el respeto y consideración debido a las personas que llaman y son interceptadas por el filtro; su compromiso no es atenderlos de inmediato por ser llamadas inesperadas, pero sí el darle algún tratamiento a esas llamadas.

Se sugieren estas opciones.

- **Pida que graben un mensaje** y ofrezca una respuesta oportuna. Acumule las llamadas recibidas en cierto lapso y responda en momentos "bajos" de su actividad diaria. Seguramente no conseguirá contacto directo con todas las personas, pero puede dejar mensajes claros, tanto en otros sistemas de contestadores telefónicos como con secretarias y asistentes. Para evitar que la persona no contactada le vuelva a llamar y nuevamente se encuentre con su contestador, deje un mensaje indicando que usted le llamará un cierto día y hora, o bien indique un día y hora para esperar la llamada.

- **Delegue en secretarias, asistentes, en general en otras personas la respuesta diferida** de aquellas llamadas que puedan ser manejadas sin su directa participación. Pero asegúrese de que este sistema funcione y que todas las llamadas sean debidamente respondidas.

- Opcionalmente puede evaluar esta opción: **dejar un mensaje de salida** en su contestador indicando su no disponibilidad inmediata e invitando a llamar en otro momento o a otro número telefónico, **sin pedir que graben un mensaje, ni prometiendo devolver la llamada**. Recuerde que solicitar que dejen un mensaje implícitamente supone que usted deberá responderlo.

- **¡Llame primero!**. Esta técnica es bien útil por cuanto es usted quien decide cuando hacer la llamada y así evitar una posible próxima interrupción. No deje que otros que estén esperando información suya le llamen en cualquier momento para pedírsela o recordársela. Apenas tenga la información que ellos requieren llámelos, así no sólo evita recibir una llamada sino que contribuye al avance de algún asunto o proyecto importante.

b. Manejo de la Emisión de Llamadas.

El uso efectivo del teléfono no sólo consiste en el manejo adecuado de las llamadas que llegan sino también en hacer lo propio con la emisión de llamadas, es decir aquellas que usted inicia.

Estas seis técnicas le serán muy convenientes en este propósito.

- **Planifique sus llamadas.** Antes de llamar considere estas claves:

- Evalúe la necesidad y justificación de la llamada; considere si se puede evitar la llamada.

- En caso de ser necesario llamar, entonces clarifique bien el objetivo a lograr; es decir lo que usted desea obtener con esa comunicación.

- Escoja la oportunidad, la cual estará determinada tanto por su conveniencia como por la selección de la hora en la cual sea más probable comunicarse con la otra persona.

- **Use mensajes de texto.** En lugar de llamar, aproveche este gran recurso de la telefonía digital para enviar breves mensajes escritos, lo cual le garantiza la rapidez de la comunicación y le evita tener que mantener una conversación, que podría durar varios minutos en un momento crítico. Además, la respuesta, muy posiblemente, le llegará por la misma vía y así podrá verla cuando no interrumpa otra actividad.

- **Sea breve**. Esto va tanto en su beneficio como en el de su interlocutor. El primer factor para la brevedad lo determina la claridad en el objetivo de la llamada, lo que permitirá plantear su asunto con precisión. En busca de la brevedad evite dar origen a una conversación muy larga e improductiva por la introducción de temas ajenos al punto central.

- **Tome notas.** Hágalo durante la llamada en la medida que va obteniendo la información o datos necesarios; así se protegerá de hacer una segunda llamada para clarificar detalles obviados en la primera.

- **Sepa cerrar.** Tenga un método para cerrar la llamada que usted hace. Una técnica sencilla y muy productiva es hacer un resumen de la información intercambiada, para lo cual usará las notas, y luego iniciar el cierre de la llamada con el agradecimiento debido al interlocutor.

- **Concéntrese en su llamada.** Es importante que Ud. no sea su propio interruptor. No haga otra cosa, salvo tomar notas, mientras está hablando y, naturalmente, escoja el mejor momento para llamar.

- **Grabe buenos mensajes de voz.** Maneje asertivamente los sistemas de contestadores y de "correo de voz" de los otros. Lo peor que usted puede hacer es colgar, y no dejar ningún mensaje, ello equivale a perder ese tiempo y el de una o más llamadas posteriores.

Es necesario y conveniente dejar un mensaje bien concebido para lograr el mejor efecto posible. Además de indicar su nombre es necesario el motivo de la llamada y cualquier acción posterior que sea necesario tomar.

Por ejemplo un mensaje, tal como: *"Hola Provincio, soy Hilario. Llámame"*, es muy poco productivo. Mucho mejor sería algo como: *"Hola Provincio, soy Hilario. Te llamo porque el cliente quiere un descuento en el presupuesto y necesito tu opinión. Llámame esta tarde antes de las 5".* Este mensaje puede lograr que Provincio llame en el tiempo sugerido y para ese momento tenga en mente su opinión sobre el presupuesto, lo cual ahorrará tiempo a Hilario.

c. **Manejo del Correo Electrónico.**

El correo electrónico prácticamente desplazó el correo basado en el papel. Las poderosas ventajas y sus posibles usos escapan de este libro, así que lo conveniente es sólo comentar algunas tácticas para que el "e-mail" se convierta en una súper herramienta útil a nuestros planes de efectividad.

- **Aproveche la informalidad del medio.** Quizás por romper con la tradición de la carta y el memorando impreso que tienden a ser formales, el correo electrónico se percibe mucho más informal y liviano. La forma general de comunicarse suele ser menos protocolar y mucho más espontánea y personalizada. Pareciera ser un punto medio entre una conversación telefónica y un correo convencional. El uso de expresiones familiares, saludos y hasta chistes lo hace sumamente amigable y ligero.

Esta informalidad, debe aprovecharse para darle más rapidez y agilidad a las comunicaciones electrónicas. Se pueden obviar las formas elaboradas y cuidadosas con las que suele prepararse un escrito y usar a este estilo informal, mucho más rápido para enviar o responder instantáneamente algún "e-mail".

- **Úselo sin fanatismo.** El correo electrónico debemos emplearlo como una súper herramienta para incrementar nuestra eficacia. Pero también podría verse como un medio de entretenimiento, diversión, socialización o como un **elemento distractor,** máxime cuando usted lo consulta a través de su teléfono inteligente. A través de él se puede mantener comunicación instantánea con muchísimas personas en los lugares más distantes usando la modalidad de

281

"conversación" o "chateo". En los negocios resulta utilísimo y facilita las operaciones internacionales rápida y económicamente. Pero la novedad, el atractivo, el encanto característico del correo electrónico puede conducirnos a ser adictos al medio y no a sus resultados. Es decir, desarrollar una fuerte afición, cercana a la adicción, por el uso del "e-mail" en si mismo, independientemente del provecho obtenido y del tiempo consumido.

Por eso es conveniente que regularmente evalúe el tiempo que usted está dedicando al uso de este medio y compararlo con los resultados y beneficios obtenidos. Si el balance es positivo continúe así, en caso contrario debe examinar cuidadosamente sus hábitos de uso del e-mail.

- **Tenga horas fijas para el correo electrónico.** Al igual que miles de gerentes de la época precibernética se habían acostumbrado a revisar su correo impreso en la primera hora de la mañana e inmediatamente decidir el tratamiento de cada carta o memorando, es muy conveniente tener establecidos uno, dos o tres momentos en el día para revisar   el correo electrónico. Pero, a diferencia del correo convencional, que llegaba a horas determinadas en las manos del cartero o del mensajero interno de la empresa, el correo electrónico va llegando en distintos momentos durante el día, y si tiene un teléfono inteligente entonces en cualquier lugar, pero   no debe estar ansiosamente consultando el buzón electrónico a cada instante. Es muy conveniente seleccionar uno, dos o tres momentos, en las horas "bajas" de su actividad,   para sentarse un rato frente al computador a revisar el correo entrante.

Uno de esos momentos podría ser en la mañana, al llegar a la oficina y en unos minutos revisar lo entrante, descartar lo innecesario y responder, responder, responder de inmediato.

Esto es válido a menos que su trabajo consista en atender clientes o solicitudes por vía electrónica, en cuyo caso deberá estar todo el día frente a la pantalla revisando y respondiendo.

- **Responda de inmediato.** Igualmente provechoso es utilizar la misma práctica que usaban los gerentes efectivos en los tiempos del correo tradicional: responder inmediatamente las cartas. En el sistema electrónico esto es aún más fácil ya que estando frente al teclado, o con el teléfono, rápidamente podemos escribir una respuesta breve, uno o dos párrafos, en el lenguaje y estilo informal propio del "e-mail", y enviarlo inmediatamente.

- **Elimine, elimine, elimine, sin miedo.** Debe estar bien claro en cuáles son los mensajes y los remitentes que le interesan, cuáles son importantes, cuáles le ayudarán a cumplir sus objetivos o simplemente a realizar las actividades que tiene previstas para ese día. Es casi seguro que recibirá, cuando menos un 30 % de correos no solicitados con información de todo tipo, pero de dudosa utilidad. Usted debe descartar, **sin abrir**, todos aquellos mensajes que a primera vista no sean importantes para sus objetivos. Si tiene duda sobre algunos, puede remitirlos automáticamente a una carpeta que se llame "Para revisar después ", "Para revisar en tal fecha...,", o algo parecido. También puede tener una carpeta de "Curiosidades" donde puede almacenar para revisión futura aquellos mensajes que lucen interesantes pero que le pueden distraer en el momento. Pero habrá otros mensajes que deberá abrir y entonces decidir si debe procesarlos, responderlos, archivarlos o eliminarlos.

- **Huya de los "ciber ociosos"**. ¿Sabe cuánto tiempo diario usa en manejar, leer, o simplemente eliminar mensajes electrónicos no solicitados aparentemente interesantes pero sin aporte de valor para sus objetivos? Usted ha de evitar el consumo de su **tiempo bueno** y la distracción originada por la revisión de correos intrascendentes, publicidad electrónica, chistes, mensajes inspiradores, campañas políticas o

285

religiosas y otras materias que pueden no ser de interés ni estar relacionadas con sus objetivos.

El correo electrónico ha permitido que algunas personas desocupadas o misioneros voluntarios de causas nobles lo utilicen como medio de proselitismo, de socialización o de diversión, enviando diariamente a decenas o centenares de direcciones información que ellos consideran importante, útil, interesante o divertida. Con esto ocupan espacio electrónico y eventualmente llenan los "buzones electrónicos" de amigos, relacionados o de personas recién conocidas que cándidamente les informaron su "dirección".

Los **consejos para protegerse de los "ciber-ociosos"** son básicamente dos:

Primero, no informe su dirección electrónica a cualquier "ciber ocioso" o sospechoso de serlo. Suelen ser personas jubiladas, fanáticos del e-mail o afanosos misioneros de causas especiales para la cuales tratan de conseguir seguidores a través del correo electrónico.

Esto incluye manejar también con prudencia la respuesta a ciertos mensajes donde puede ser capturada la dirección y agregada a una lista de envío. Igualmente ha de evitar suministrar su dirección electrónica en encuestas, formatos comerciales y otras formas de "pesca" de direcciones de mail.

El **segundo** consejo, si ya está en la "red" de algún "ciber ocioso" es evitar estimularlo enviándole alguna respuesta o comentario. Ignórelo, ignórelo, ignórelo, ignórelo. Es posible que el "ciber ocioso" algún día lo elimine de su lista de correo. Pero si esto no resulta, y con la delicadeza del caso, envíele un mensaje pidiendo que sólo le remita información sobre temas que a usted le convengan, para lo cual procederá a mencionar uno o dos bien específicos.

Alternativamente puede programar su sistema de correo electrónico con la opción "bloqueo de remitente" o similar, la cual automáticamente envía a la papelera virtual los correos de remitentes indeseados...

Otra opción para el manejo de estos mensajes es el archivo automático en una carpeta de "curiosidades", o similar, donde puede programar el envío automático de los mensajes de ciertos remitentes que no serán de uso inmediato, pero que eventualmente, en un momento bajo, podrían ser revisados.

Eficacia en Síntesis

- El teléfono y el correo electrónico pueden ser poderosos aliados en el avance de nuestro programa de eficacia, pero si no sabemos utilizarlos adecuadamente pueden convertirse en nuestros enemigos. Es fundamental revisar fríamente la forma como empleamos estos recursos de la telecomunicación.

- Es básico escoger un "nivel de accesibilidad" telecomunicacional acorde con su tipo de actividad, y luego administrarlo adecuadamente.

- Use "filtros inteligentes" para manejar las llamadas entrantes, pero sea respetuoso y cortés con quienes llaman. Responda los mensajes o deléguelo en otro.

- No sea fanático ni del teléfono ni del correo electrónico. No tenga tres teléfonos abiertos a menos que sea bombero o corredor de bolsa. No consulte el e-mail cada 10 minutos para ver que le ha llegado. No se convierta en un "ciber ocioso" y aléjese de los que conozca.

- Antes de llamar por teléfono planifíquelo bien. No pierda ni haga perder tiempo. Sea oportuno, breve, pertinente y cortés.

Evaluación Personal

- ¿En su actividad el teléfono y el correo electrónico tienen un papel importante?

  Sí ( )   No ( )

- ¿Siente ansiedad cuando no ha recibido alguna llamada, un mensaje de texto o un correo electrónico en la última media hora?

  Sí ( )   No ( )

- ¿Siente cierta inquietud cuando no ha revisado su correo electrónico en media hora, o está consultando continuamente su teléfono inteligente para ver que correos o mensajes le han llegado?

  Sí ( )   No ( )

Si respondió "sí" a una de las preguntas, ¿Cuál de las técnicas descritas puede usar?

_____

_____

_____

¿Qué aprendí, de que me di cuenta en relación al teléfono y al correo electrónico?

_____

_____

_____

_____

Mis propósitos.
¿Qué voy a hacer?

_____

_____

_____

¿Cuándo?

_____

_____

_____

¿Alguien de mi entorno puede ser afectado o involucrado? ¿Quién?

_____

_____

_____

_____

¿Necesito algún recurso para manejar esta estrategia? ¿Cuál?

_____

_____

_____

_____

d. Las redes sociales

La expansión de las posibilidades de la comunicación electrónica a través de los teléfonos inteligentes ha traído la incorporación de las redes sociales que se iniciaron con Facebook y se han diversificado con el "BlackBerry pin", "WatsApp", "Instagramm", "Linkedin" y otras que van surgiendo para ofrecer nuevas y atractivos servicios de comunicación social. El encanto de estas redes es innegable; pocos pueden resistirse a su uso y realmente son muy útiles tanto para la formación de grupos y comunidades de intereses afines como también para la comunicación instantánea de mensajes breves o de imágenes.

La utilidad de su uso debe ser evaluada por cada quien en relación a sus objetivos personales, laborales o comunitarios y determinar en cual forma puede el uso de estas redes contribuir al logro de sus objetivos importantes.

Sin embargo, como todo servicio atractivo y gratuito, el uso de las redes puede en algunos casos desarrollar cierta adicción y las adicciones no son saludables ni convenientes. De tal manera que hay que estar muy claros en sus objetivos personales y con esa perspectiva decidir el nivel, propósito e intensidad del uso de las redes sociales. En otras palabras, si su objetivo es tener un alto nivel de accesibilidad y de comunicación y establecer contacto con cientos o miles de personas alrededor del mundo, entonces éstos son los instrumentos adecuados para ello. Si por el contrario sus objetivos y su misión de vida están centrados en el desarrollo de un negocio, las redes sociales le serán altamente eficaces para ampliar el ámbito de difusión de sus productos o servicios y así originar nuevos clientes. Pero en este caso la manera como las usará será diferente y es posible que las vea como una herramienta delegable en manos de algún empleado idóneo para ello.

Muchas de las recomendaciones presentadas en páginas anteriores para el manejo inteligente del Internet y de los teléfonos móviles, son en gran parte aplicables a las redes sociales.

Una de ellas es la referida a los "ciber ociosos", los cuales también abundan en las redes. Son esos amigos, o simples conocidos, que están todo el día reenviado mensajes "refritos" o "enlatados" que ellos a su vez reciben y los cuales envían sin evaluar su contenido, ni mucho menos su interés o pertinencia para quienes lo recibirán.

La prevención y control de estos "ciber ociosos" es en general la misma indicada en paginas previas para el Internet, con la ventaja que las redes tienen otros mecanismos que permiten filtrar, o "silenciar", ciertos grupos o remitentes de manera muy eficaz, sin que el originador de la "chatarra" electrónica se percate.

Pero, debe insistirse en que la redes son un recurso que puede ser extraordinariamente útil y de alta contribución al logro de nuestros objetivos, o bien ser un gran distractor, corrosivo de nuestro **tiempo bueno.**

4. **Maneje Asertivamente los Visitantes Inesperados e Improductivos.**

Primero debemos tener muy claro que no todo visitante inesperado es una interrupción improductiva. Muchas personas que sin aviso se acercan a nuestras oficinas pueden ser portadoras de grandes oportunidades, de interesantes propuestas o de buenas noticias. Por eso es esencial tener una nítida percepción de la situación para no caer en el extremo paranoico de sentirse asediado, acosado, perseguido, por visitas no planeadas y en consecuencia adoptar mecanismos defensivos tan herméticos y extremos que protejan de los visitantes no productivos, pero también alejen a los portadores de nuevas oportunidades y buenas noticias.

Un visitante improductivo es aquel que no aporta nada para que usted o la empresa avancen en sus objetivos laborales o personales sino que, al contrario, tratará de interesarlo en asuntos, ideas o proyectos, muy alejados de su interés, o que en general le cambian su **tiempo bueno** por **tiempo malo**, al distraerlo y alejarlo de su rumbo.

La clave para diferenciar acertadamente unos de otros es, una vez más, la claridad de nuestros objetivos vitales. Mientras más claros estén, más fácil será establecer esta diferenciación.

a. **Cómo Prevenir Visitantes Inesperados e Improductivos.**

Como técnicas específicas y provechosas en la prevención de visitantes imprevistos, se presentan las siguientes:

- **Decida su nivel de accesibilidad**. El primer paso a dar dentro de esta estrategia es que usted debe decidir el **nivel de accesibilidad** deseado, el cual puede ir desde ser "totalmente accesible", en todo momento y a todo el mundo, hasta el ser "completamente inaccesible".

Muy probablemente su selección sea un punto entre los dos extremos, pero para esa ubicación debe considerar sus objetivos, la naturaleza de su actividad y los recursos disponibles. Así por ejemplo, si usted es un vendedor, su **nivel de accesibilidad** debe ser el máximo, puesto que debe estar altamente disponible para sus clientes. Si por el contrario su actividad es la auditoria o la investigación científica, su **nivel de accesibilidad** será muy diferente.

- **Desarrolle un "filtro inteligente" en la oficina.** Otra opción es desarrollar un "filtro" con capacidad para discriminar los visitantes inesperados entre "oportunidades" o "improductivos". Supone disponer de secretaria, asistente o algún personal que esté entre usted y el visitante inesperado y con capacidad para tomar decisiones. Tal capacidad dependerá de la claridad con la cual usted le haya comunicado sus objetivos y los criterios esenciales para ejercer acertadamente esa función de "filtro inteligente".

- **Deje que la puerta hable por Ud**. Una de las formas más sencillas para crear un "filtro" dentro de una empresa es el manejo de la puerta de la oficina. Su grado de apertura puede ir desde la política de "puertas abiertas" hasta todo lo contrario. Pero lo más prudente es el manejo situacional de la apertura de la puerta como una señal clara y visible para el resto del personal del **nivel de accesibilidad** que en cada momento usted desea tener. Unas veces abierta, otras entreabierta y en algunas ocasiones totalmente cerrada para concentrarse en una reunión con un visitante productivo, o terminando la A1 de su lista diaria.

- **No se exhiba**. Si acaso no disponer de oficina privada, o trabaja en un cubículo sin puerta, lo cual lo hace completamente visible para quien pasa al frente, todavía le queda el recurso de ubicar su escritorio en la forma menos visible para quienes pasan y sientan ganas de entrar a conversar temas intrascendentes, precisamente cuando usted está bien concentrado en desarrollar las "A" de su lista diaria.

b. Cómo Manejar Visitantes Inesperados.

Posiblemente a pesar de disponer de un "filtro inteligente" y de administrar cualquier otra táctica de control de visitas inesperadas, éstas lleguen en un momento en el cual usted se encuentra muy concentrado en un proyecto importante, en una de las A de su lista. En tal situación es necesario usar algunas técnicas para evaluar rápidamente la naturaleza de la visita y luego poder manejarla apropiadamente. Estas ideas son también aplicables cuando no se dispone de ningún tipo de "filtro" y usted en su lugar de trabajo se encuentra muy expuesto a las visitas inesperadas.

Las siguientes tácticas seguramente le serán muy útiles:

- **Evalúe rápidamente la situación.** Lo primero es la evaluación del potencial de importancia del asunto que trae el visitante imprevisto. Para ello es básico que en los primeros momentos de la visita **establezca el objetivo o propósito de esa visita mediante una o más preguntas precisas y oportunas** al visitante inesperado. De sus respuestas dependerá el tratamiento que debe darle.

  - **¿Cuál es el objetivo específico de su visita?**;
  - **Concretamente, ¿qué puedo yo hacer por usted en este   momento?.**

  Estas u otras parecidas, pueden ser las preguntas usadas para evaluar la importancia de la visita inesperada.

- **Aproveche las oportunidades**. Si establecido el objetivo de la visita le resulta interesante, útil, productivo, entonces deberá dedicarle algún tiempo para atender al visitante, o brindarle una atención breve y establecer una visita o reunión posterior en la cual se pueda abordar en el asunto con mayor profundidad.

- **Corte rápidamente.** Si por el contrario el objetivo del visitante carece de interés para usted, o la empresa entonces debe cortar lo más rápidamente posible la visita, para lo cual tiene dos opciones. Si el asunto es de interés para otra persona en la organización, remítalo inmediatamente, o mejor aún, acompáñelo por lo menos varios metros de distancia en el camino hacia su nuevo destino.

  Si el punto no es de interés para la empresa, entonces debe cortar con cortesía, elegancia y efectividad. ¿Cómo hacerlo? Aquí se sugieren algunas formas:

  - **Si el visitante está en la recepción o vestíbulo,** vaya hasta allá, no deje que llegue a su oficina; atiéndalo allí en el vestíbulo o recepción, brevemente y de pie. Alternativamente puede salir e interceptarlo en un pasillo, antes de que llegue a su oficina.

- **Si el visitante improductivo logra llegar a su oficina**, recíbalo de pie, salga de su escritorio y ubíquese en un punto cercano a la puerta y hable cortésmente con él allí, con lo cual le está indicando claramente el poco tiempo disponible.

- **En cualquier caso**, una de las primeras cosas que debe expresarle amablemente al visitante improductivo es lo inesperado de su llegada y lo comprometido que usted se encuentra con otras personas y asuntos previamente establecidos.

- **Como regla general** debe mantener el respeto y la cortesía hacia el visitante, pero debe usted ser breve en sus explicaciones o respuestas. Tenga cuidado de no convertirse en su propio interruptor dando explicaciones y lamentaciones demasiado extensas.

- **Si las técnicas anteriores no tienen resultado** entonces debe usar otras más directas, tales como mirar repetidamente el reloj, salir varias veces de la oficina a buscar papeles, llamar a otras personas y en general mensajes bien obvios para un visitante persistente.

- Un recurso poderoso **para casos extremadamente duros** es el de pedirle al visitante improductivo y rebelde que le ayude en alguna tarea sumamente aburrida y molesta, tal como hacer cálculos aritméticos, mover algunas cajas, destruir documentos en el moledor de papeles y otras que debería hacerle salir de inmediato...

Eficacia en Síntesis

- Un visitante inesperado puede ser una molesta interrupción... o una extraordinaria oportunidad. Aprenda a distinguir rápidamente unos de otros y a actuar en consecuencia.

- Es básico escoger un **"nivel de accesibilidad"** acorde con su tipo de actividad, luego administrarlo adecuadamente.

- En el manejo de visitantes inesperados lo fundamental es evitar que se conviertan en largas interrupciones improductivas, pero debe lograrlo respetando a los demás.

Evaluación Personal

- ¿En su actividad está expuesto a frecuentes interrupciones causadas por visitantes inesperados?

  Sí ( )   No ( )

- ¿Carece, en su lugar de trabajo, de recursos para protegerse de los visitantes inesperados e improductivos?

  Sí ( )   No ( )

- ¿Le resulta muy difícil manejar sus visitantes inesperados y ellos le quitan mucho tiempo?

  Sí ( )   No ( )

Si respondió "sí", a alguna de las preguntas, ¿Cuál de las técnicas descritas puede usar?

_____

_____

_____

_____

¿Qué aprendí, de que me di cuenta con relación a los visitantes inesperados?

_____

_____

_____

_____

Mis propósitos.
¿Qué voy a hacer?

_____

_____

_____

¿Cuándo?

_____

_____

_____

_____

¿Alguien de mi entorno puede ser afectado o involucrado? ¿Quién?

_____

_____

_____

_____

¿Necesito algún recurso para manejar esta estrategia? ¿Cuál?

_____

_____

_____

_____

_____

_____

_____

_____

5. Sea Constructivo en las Reuniones Inefectivas.

En la actualidad el número de reuniones y juntas que se convocan y realizan en las empresas y en las organizaciones  públicas es incalculable y...¡.tiende a aumentar !. Pero, muchas de esas reuniones se convierten en una pérdida de tiempo grupal cuyo costo es inmenso. La mayoría de estas reuniones inefectivas son convocadas y "dirigidas" por personas que desconocen las técnicas esenciales de la dirección de reuniones y por lo tanto no son bien planificadas, orientadas ni conducidas.

Hoy en día es casi inevitable asistir a reuniones durante las cuales usted experimenta una profunda frustración al pensar en las muchas otras actividades que podría estar haciendo en ese momento.

Recomendamos varias técnicas a seguir, según sea Ud. u otro quien convocará y dirigirá la reunión. Estas ideas también le serán muy útiles en el caso de reuniones de sólo dos personas, es decir en entrevistas interpersonales.

a. Si Usted Dirigirá la Reunión...

Si le corresponde convocar y dirigir reuniones, le presentamos unos pocos y efectivos consejos para ayudar a mejorar tales eventos:

- **Primero: Evalúe la necesidad de la reunión.** Primero que todo, antes de convocar a una reunión, evalúe fríamente si el propósito podría lograrse con algunas llamadas telefónicas, unos mensajes electrónicos, y una que otra entrevista rápida. En otras palabras: **si la puede evitar, no la convoque.**

- **Segundo: Planifique la reunión.** Si tiene que hacer la reunión (y esto es válido igualmente para entrevistas interpersonales) planifique la actividad considerando previamente las siguientes preguntas:

¿Cuál es el objetivo a lograr?

¿Cuáles son los temas a tratar?

¿Quiénes deben asistir?

¿Cuándo y dónde realizarla?

¿Se requiere alguna información escrita para la reunión?

¿Cuál debe ser la agenda?

¿Cuál debe ser la duración?

- **Tercero: Controle la reunión.** Durante la conducción de la reunión o entrevista manténgase usted mismo dentro del objetivo, con lo cual ayudará a los demás a alinearse correctamente. Escuche activamente, pero no permita desviaciones del objetivo y de los temas; delegue la confección de la minuta y logre su aprobación antes de finalizar; haga resúmenes con frecuencia y destaque los puntos obtenidos. Pero no olvide algo básico: comience y termine a tiempo.

b. Si Usted Asistirá a la Reunión de otro...

Si le corresponde asistir a reuniones inefectivas convocadas preparadas por otra persona, entonces considerará útiles las siguientes tácticas:

- **¿Debe asistir...?.** Evalúe la necesidad y conveniencia de su asistencia a la reunión; es decir, si está convencido de la inutilidad del evento, entonces procure no asistir, y en caso alterno, delegue la asistencia.

- **Si asiste, entonces ayude a la reunión.** Una vez dentro de la reunión inefectiva, lo que le queda es contribuir a convertirla en efectiva, o al menos que sea breve.

  Para ello tres ideas:

  - Asista bien preparado, lleve consigo toda la información que podría ser requerida.

  - No complique la reunión con intervenciones de reproche. Procure en sus aportes ser breve y ayudar a despejar la situación.

- Ayude al director de la reunión a avanzar en la agenda, y en casos extremos, de total caos, asuma el liderazgo de la reunión y avance rápidamente en los puntos de la agenda.

Eficacia en Síntesis.

Las reuniones, juntas o comités son eventos frecuentes dentro de las organizaciones contemporáneas, pero lamentablemente buena parte de ellos son pérdidas de tiempo colectivas. Es muy probable que usted esté expuesto a participar en algún tipo de reunión y por eso es necesario estar preparado para convertirlo en **tiempo bueno.**

- Si le corresponde organizar y dirigir reuniones haga sólo las absolutamente indispensables. Además, planifíquelas muy bien, en todos sus aspectos, para que todos las aprovechen y sus reuniones se prestigien como efectivas.

- Si le corresponde asistir a reuniones inefectivas preparadas por otros, primero que todo evalúe la conveniencia de evadirla. Si no es así, asista con ánimo constructivo para ayudarla a convertirse en "efectiva".

Evaluación Personal

- ¿En su actividad está expuesto con frecuencia a dirigir reuniones o a asistir a ellas?

  Sí ( )   No ( )

- ¿Está expuesto a asistir a reuniones mal preparadas y sumamente largas, que le consume parte importante se su **tiempo bueno**?

  Sí ( )   No ( )

Si respondió "sí", a alguna de las preguntas, ¿Cuál de las técnicas descritas puede usar?

_____

_____

_____

_____

¿Qué aprendí, de que me di cuenta en relación al manejo de reuniones inefectivas?

_____

_____

_____

_____

Mis propósitos.

¿Qué voy a hacer?

_____

_____

_____

¿Cuándo?

_____

_____

_____

_____

¿Alguien de mi entorno puede ser afectado o involucrado? ¿Quién?

_____

_____

_____

_____

¿Necesito algún recurso para manejar esta estrategia? ¿Cuál?

---

6. Evite o Aproveche las Esperas.

¿Se ha percatado de cuánto **tiempo bueno** pierde semanalmente esperando ser recibido; que alguien termine de hablar por teléfono; dentro de su 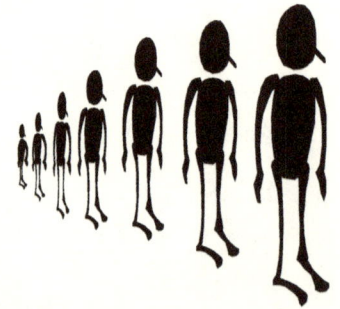 automóvil en "colas" de transito, o bien esperando para pagar una compra en una tienda o supermercado? Si este tiempo es tan pequeño que no llega a una hora semanal y por tanto carece de importancia, hay que felicitarlo por ser una de las pocas personas liberadas de esta perniciosa plaga de las grandes ciudades y de organizaciones donde generalmente no se respeta el tiempo de los demás.

Esperar por algo o alguien cuando nuestra disponibilidad de tiempo es escasa, es tan molesto e incómodo, que puede alterar nuestro ánimo. La sensación de desperdicio de tiempo experimentada en una espera es frustrante y por eso es esencial dedicarle algunas consideraciones fundamentales para **prevenirlas o evitarlas**.

Hay tres estrategias básicas: en **primer lugar** evite a todo trance las situaciones que impliquen una espera improductiva. **En segundo** termino, aproveche lo mejor posible el tiempo cuando inevitablemente deba sufrir alguna espera ocasional. **En tercer lugar**, trate de recortar la espera.

a. **Para Evitar las Esperas.**

Primero que nada usted debe hacer un firme juramento, ante los dioses o santos de su preferencia, de no hacer líneas de espera a menos que sean para obtener o lograr algo muy importante, muy agradable o que contribuya sustancialmente a sus objetivos. Sólo así justificaremos una espera. **En cualquier otro caso siga estas ideas:**

- **Delegue las esperas.** Procure que otro haga las líneas de espera por usted. En este propósito lo más sencillo es encargar a un empleado, un colaborador, una familiar, un voluntario o un mensajero, todas aquellas gestiones que involucren esperas. Analice el valor de oportunidad de su propio tiempo y percátese de lo económico que puede resultar contratar a alguien para realizar todas esas gestiones engorrosas. Pero, si el costo de oportunidad de su tiempo es muy bajo, usted está disponible y además piensa que esas esperas son interesantes ocasiones sociales, entonces no las delegue; ¡disfrútelas!

- **Evite días y horas "pico".** Trate de no acudir a los servicios donde pueden formarse filas en ciertos días o horas, llamadas "pico", es decir aquellos momentos en los cuales concurre el mayor número de personas. Evite días y momentos obviamente preferidos por muchos, tales como los lunes en la mañana, los viernes en la tarde, los días de pago, etc.

Es sorprendente como muchas personas piensan que "llegar temprano" les evitará la espera. Precisamente por ser muchos quienes tienen la misma idea, las horas tempranas pueden ser las más congestionadas en ciertos servicios. Por el contrario, acudir "tarde", al final del proceso, puede ser una mejor idea. En todo caso, obtenga alguna información previa sobre el flujo de personas al servicio para así tener criterio para seleccionar las horas "bajas".

- **Haga citas previas.** Convenga previamente citas específicas para realizar entrevistas, visitas o gestionar personalmente ciertos asuntos. No sea usted un "visitante inesperado" en la oficina de otro, donde estará sujeto a esperas y eventualmente a no encontrar la persona solicitada o inclusive no ser recibido. Haga llamadas previas y establezca citas y luego, el día de la visita, llame unas dos horas antes para reconfirmarla, con lo cual se asegura del éxito del compromiso e inclusive puede evitarse la sorpresa de llegar al sitio y encontrarse que el visitado no recordaba la cita y por tanto tiene que esperar, o peor: volver otro día.

- **No pague para esperar.** Todavía existen muchos médicos, y otros profesionales, con la primitiva costumbre de recibir a sus clientes por orden de llegada, lo cual origina perdida de muchísimo **tiempo bueno**... Pida que le indiquen una hora en la cual le atenderán, no se contente con la primera negativa a obtener una cita, sea asertivo, insista, pida hablar directamente con el médico o el profesional en cuestión, insista con firmeza y con educación. ¡**No pague por gastar su tiempo bueno esperando por un servicio profesional o comercial.**

b. **Para Aprovechar las Esperas.**

Si a pesar de su juramento de no hacer esperas debe inevitablemente aguardar por alguien o por la prestación de un servicio en situaciones tales como: aeropuertos, antesalas de funcionarios públicos que se niegan a dar citas precisas, o bien dentro de su automóvil en las "trancas" del tránsito, entonces le serán muy provechosas las siguientes tácticas:

- **No se irrite.** No se moleste, no pierda la calma, no deje   que la situación de espera le altere negativamente su estado de ánimo. Conserve la calma y el equilibrio. Dispóngase a convertir en productiva esa espera.

- **Haga productiva la espera.** Aproveche las esperas de antesala, en el aeropuerto, en una oficina pública, para desarrollar ciertas actividades que usted puede reservar para esa hora del día. Por ejemplo:

  - Utilice su computador portátil para trabajar en el informe pendiente, consultar información previamente guardada pero no leída, responder los "emails" organizar su archivo electrónico, y otras actividades similares.

  - Use su teléfono móvil y haga todas las llamadas pendientes del día y avance en las del siguiente. Llame a los amigos con los cuales tiene tiempo sin conversar.

- Revise su plan de actividades semanal y diario y evalúe su avance.

- Lea informes pendientes, artículos de revistas importantes, revise los resultados económicos del negocio, analice la nueva lista de precios, escoja entre varios "currícula" las personas que deberá entrevistar y así muchísimas otras actividades que le ayudarán a sacarle provecho a la espera y además hacerla inadvertida.

• Aproveche para hacer lecturas de fondo; avanzar en el nuevo libro de gerencia que compró, profundice en el manual del computador para manejarlo mejor, igualmente con el manual del teléfono móvil para conocer y poder usar todas sus funciones, y muchas .otras lecturas hasta ahora diferidas.

• **Productividad motorizada.** Si vive en una ciudad con tránsito vehicular muy congestionado, con frecuentes "trancas", o sus actividades requieren de viajes regulares por carretera, entonces es muy conveniente tener opciones para hacer más productivo el tiempo dentro del automóvil. Aquí algunas bien útiles:

- Use su tiempo en el vehículo para hacer llamadas con su teléfono móvil y use un accesorio "manos libres" para realizarlas más cómodamente y con mayor seguridad.

- Provéase de un micro-grabador para registrar ideas(o hágalo en su teléfono móvil si tiene esta opción) esquemas de memorandos, mensajes, recordatorios, etc. Cuando llegue a su destino transcriba esta información a su agenda, computador o a quien corresponda.

- Escuche la música de su preferencia; oiga las noticias y eventualmente perfeccione sus conocimientos sobre algún tema particular mediante cursos grabados en discos compactos.

- Si sus viajes por carretera son muy frecuentes entonces es conveniente analizar muy seriamente la contratación de un chofer permanente u ocasional, lo cual le permitirá leer, escribir, usar su computador portátil y desarrollar muchas actividades durante esas horas de viaje.

- Si sus viajes son en compañía de algún socio o compañero laboral, no pierda esa oportunidad para tratar con él todos los asuntos pendientes.

c. Presione para Recortar la Espera.

Esta técnica se emplea preferiblemente en el caso de estar esperando la decisión de otro, la respuesta de un funcionario, o la tramitación de algún asunto, para poder avanzar en nuestras actividades. Cuando ese "otro", que puede ser una persona, un comité, una oficina pública o una empresa, se toma tiempo excesivo en emitir una respuesta o una decisión, uno de los pocos recursos que nos queda es presionar inteligentemente para abreviar la espera.

Sin llegar al extremo de tener que declararse en huelga de hambre a las puertas de una oficina pública, existen medios menos dolorosos para tratar de obtener un resultado. Visitas frecuentes para preguntar por el asunto, llamadas telefónicas, "faxes", correos electrónicos, son recursos que pueden ayudar a obtener resultados. Otras veces puede ser productivo el "cabildeo" con otras personas del entorno de la decisión para que intercedan y agilicen el proceso. Sin embargo es muy importante saber dosificar el uso de estos mecanismos, pues en algunos casos pueden resultar contraproducentes. Pero, si la espera es inevitable, dedíquese a otra actividad, a otro proyecto, mientras obtenga resultados o respuestas.

Eficacia en Síntesis

- Las esperas, en cualquiera de sus variadas formas modernas, son una plaga de la vida urbana contemporánea. Por ello es indispensable desarrollar estrategias para evitar que aumenten nuestro tiempo **malo**.

- Haga un firme juramento de no hacer filas, ni soportar esperas por ningún concepto, con la única excepción que sea para obtener algo infinitamente valioso, importante, único, algo que signifique un salto de avance hacia sus objetivos.

- Si a pesar de su juramento "anti-esperas" tiene que exponerse a situaciones tipo aeropuerto, entonces desarrolle tácticas específicas para aprovechar hasta el último minuto, avanzando en actividades de su lista del día y del siguiente.

Evaluación Personal

- ¿En su actividad está sujeto con frecuencia a esperas de algún tipo?

  Sí ( )   No ( )

- ¿Pierde usted varias horas de su **tiempo bueno** de la semana en total improductividad por encontrarse atrapado en una situación de espera?

  Sí ( )   No ( )

- ¿Se irrita cuando tiene que perder tiempo en esperas y se   siente frustrado por no poder hacer nada?

  Sí ( )   No ( )

Si respondió "sí", a alguna de las preguntas, ¿Cuál de las técnicas descritas puede usar?

_____

_____

_____

¿Qué aprendí, de que me di cuenta en relación a la prevención y manejo de las esperas?

_____

_____

_____

Mis propósitos.

¿Qué voy a hacer?

_____

_____

_____

¿Cuándo?

_____

_____

_____

¿Alguien de mi entorno puede ser afectado o involucrado? ¿Quién?

_____

_____

_____

_____

¿Necesito algún recurso para manejar esta estrategia? ¿Cuál?

_____

_____

_____

_____

CAPITULO V

LOS FRUTOS

1. Para Recoger los Frutos.

Después de haber reflexionado sobre las "leyes" y haberse familiarizado con los hábitos de la eficacia y las maneras de manejar los  enemigos externos de su tiempo, ya Ud. deberá tener claro cuáles vías pueden ser más útiles para su programa de eficacia personal. Además, a lo largo de la lectura del libro Ud. fue anotando, al final de cada capítulo, aprendizajes, reflexiones, y también los compromisos para consigo mismo.

Ahora es el momento de resumir intenciones. Al verlos todos juntos quizás pueda reunir los compromisos similares en otros más amplios y así llegar a una lista concreta y pequeña de propósitos para la eficacia que pueda usar como guía permanente de la acción.

Le pedimos hacer ahora la revisión de esos compromisos anotados al final de cada capítulo a lo largo del libro, revisarlos, pensarlos nuevamente, agrupar los que sean similares y hacer una sola y única lista, no muy larga, de "mis compromisos".

Para facilitar este proceso use el formato de la siguiente página.

Más Tiempo Bueno, Menos Tiempo Malo

MIS COMPROMISOS DE EFICACIA

Compromiso: Lo que voy a hacer	¿Cuándo?	¿Alguien será afectado? ¿Quien?	¿Qué recursos necesito?

2. El Tiempo Bueno y el Tiempo Malo

¿Qué esperamos como resultado de un programa de eficacia personal? ¿Cuáles son los frutos que podemos recoger?

El resultado será un incremento significativo de su **tiempo bueno,** y una disminución de su **tiempo malo.** Es decir: más horas de la vida empleadas en actividades conducentes a objetivos vitales inscritos dentro de un propósito general llamado "misión personal", y menos horas desperdiciadas en actividades vacías, sin propósito, sin beneficio, sin trascendencia.

Tiempo bueno es el empleado en descubrir cual es nuestro papel en el mundo, en develar la única y singular "misión personal" que una vez llevada al nivel consciente se convierta en el Norte de todos nuestras luchas y afanes. Por eso, **bueno** es el tiempo destinado a reflexionar, a meditar y a definir los objetivos derivados de esa "misión personal", armonizados con los varios roles que asumimos en la vida.

Tiempo bueno es el invertido a las actividades voluntariamente escogidas o voluntariamente aceptadas, y asociadas a conseguir los objetivos importantes. Es el tiempo en el cual avanzamos en nuestros proyectos; en el cual estamos resolviendo asuntos relevantes de nuestro trabajo o profesión y que serán grandes pasos en nuestro progreso y desarrollo. Es el tiempo disfrutado en la compañía de los seres queridos, de la familia; planeando juntos el futuro, viviendo los momentos irrepetibles de la cotidianidad. Es el tiempo compartido con los amigos y en el disfrute de las relaciones enriquecedoras

Tiempo bueno es el dedicado a las actividades de prevención, tanto en nuestra profesión, trabajo o negocio, como al cuidado de la salud física, intelectual y espiritual.

Bueno es el tiempo empleado en crecimiento intelectual, en buscar la comprensión de las leyes fundamentales de la vida, en adquirir conocimientos de las ciencias, las técnicas, las artes. Igualmente bueno es el tiempo destinado a la reflexión sobre las cuestiones trascendentales de la filosofía y de la espiritualidad .Es también el tiempo disfrutado en la creación profesional, económica, artística, intelectual y también es bueno el tiempo para la contemplación de la belleza natural y la creada por el hombre.

Tiempo bueno es sin duda aquel que se destine a la recreación, a los deportes, a viajar y conocer gentes, culturas y lugares.

En fin, en la medida que dediquemos más y más horas a estas actividades proactivas, en esa misma forma iremos teniendo una medida del éxito de nuestro **programa de eficacia personal**.

Pero para aumentar el **tiempo bueno** es absolutamente indispensable disminuir el **tiempo malo** muy escondido y fuertemente enraizado en cada uno de nuestros días. Al lograr eliminar o reducir drásticamente las horas consumidas en actividades que no conducen a nuestros objetivos, ni laborales, profesionales o personales, estaremos viendo el éxito de nuestro esfuerzo. Cuando dejemos de hacer cosas por rutina, y cuya utilidad o beneficio no es posible descubrir; cuando nos liberemos de hábitos improductivos que alargan innecesariamente nuestras jornadas o que consumen horas sin producir ningún resultado bueno; en esos momentos estaremos eliminando **horas malas.**

Eliminar **tiempo malo** es dejar de hacer las cosas sin importancia y también dejar de hacer aquellas que perniciosamente nos alejan de nuestro camino y objetivos.

3. Cómo Saber Si Avanzamos.

Quizás algunos lectores puedan desear tener formas específicas de medir su progreso en la aplicación de un plan de eficacia personal. Para ello ofrecemos dos enfoques: cuantitativo y cualitativo.

a. **Enfoque Cuantitativo**

Quienes deseen una medida cuantitativa pueden relacionar el **tiempo bueno** de sus días a la duración total de la jornada mediante el empleo de la relación siguiente:

Efectividad personal: $\dfrac{\text{hrs. /día de tiempo bueno}}{\text{HR. /día}} \times 100$

Por ejemplo si se emplearon 8 hrs. en actividades de tiempo bueno, sobre un total de 16 hrs. útiles del día, la relación será:

Efectividad personal: $\dfrac{8 \text{ hrs.}}{16 \text{ hrs.}} \times 100 = 50\%$

Este 50% indica que tenemos todavía muchas posibilidades de aumentar la eficacia de nuestros días; apenas estamos siendo eficaces en la mitad de lo posible.

Para poder realizar este tipo de evaluación cuantitativa de la efectividad personal diaria es

335

necesario llevar un registro de las actividades cumplidas en el día y clasificadas como **tiempo bueno** o como **tiempo malo**.

Alguien preguntará si el tiempo consumido en actividades tales como alimentación, descanso y aseo personal debe considerarse **bueno**. La respuesta es sí, definitivamente si, principalmente cuando ese tiempo se destina a la alimentación para conservar y mejorar la salud y es adecuada al tipo de actividad que se desempeña. Igualmente cuando el tiempo del aseo y cuidado personal realmente contribuye a sentirnos mejor en el día, ese tiempo debe contarse como **bueno**.

b. **Enfoque Cualitativo**

Quienes prefieran una manera diferente, menos numérica, de evaluar los resultados de su **programa de eficacia personal** les bastará apreciar el nivel de control y de calidad que progresivamente sientan sobre sus vidas. En la medida que la sensación de control del tiempo de sus vidas se haga mayor y más intensa, en esa misma medida pueden estar seguros de tener éxito con sus esfuerzos.

Ese creciente grado de control sobre la vida se deriva de la conciencia de estar avanzando en el rumbo correcto y en el logro sucesivo de metas y objetivos en ese camino.

La convicción de estar controlando su vida, de ser dueño de gran parte de las decisiones que cotidianamente se hacen, genera una inmediata reducción de la necesidad de estar **"apurado"**, de **"andar de prisa"**, por que se conoce y se practica la importante diferenciación entre hacer muchas cosas en poco tiempo (eficiencia) y concentrarse en hacer aquellas realmente importantes (eficacia).

La disminución de la angustia sin motivo y sin propósito, la eliminación del estrés, son resultados que deben indicar sin duda alguna el éxito progresivo del esfuerzo de ser más eficaz.

En fin, la sensación de serena satisfacción interior, de contento con los logros que se van obteniendo, de saber que se está avanzando en la dirección correcta, es un inequívoco índice del éxito de su programa.

4. Para Siempre

¿Durante cuánto tiempo debo mantener un **Programa de Eficacia Personal**? Una pregunta similar formulamos en el **Capítulo I** y ahora la replanteamos. Estamos seguros que la respuesta presentada en ese capítulo ahora tiene mucho más sentido. **Un programa de eficacia personales para siempre.**

No se trata de un antibiótico que se tomará durante 7 días. Se trata de una concepción integral de la manera de emplear el tiempo de nuestra vida, la cual debe concretarse en la adopción de nuevos hábitos para controlar el rebelde enemigo interno, y en el ejercicio de prácticas de eficacia y en el despliegue de estrategias para controlar los insistentes enemigos externos, lo cual rápidamente   aportará beneficios evidentes. En la medida que los frutos se comiencen a recoger y a disfrutar, ya no existirá ninguna razón para abandonar los cambios asumidos y regresar a la ausencia de control sobre el tiempo de su vida.

Así, la motivación inspirada por los primeros frutos debe alimentar la acción para hacer permanente, diario, habitual, sencillo y gratificante el ejercicio de la **eficacia personal** para tener **más tiempo bueno y menos tiempo** malo en nuestra vida.

aroman365@gmail.com

Más Tiempo Bueno, Menos Tiempo Malo

Arquímedes Román A.

www.ingramcontent.com/pod-product-compliance
Lightning Source LLC
Chambersburg PA
CBHW021419170526
45164CB00001B/18